Die Deutsche Bibliothek – CIP-Einheitsaufnahme
Ehrke, Hansjörg:
Kleines Lexikon der Kirchen in Deutschland
Begriffe, Strukturen, Adressen
Hansjörg Ehrke. - Karlsruhe: PV-Medien, 2002
ISBN 3-87210-381-4

0292 deutsche bibliothek

ISBN 3-87210-381-4

Karlsruhe, 1. Auflage 2002

Gestaltung: Anna Celia Schlotter, PV-Medien, Karlsruhe
Herstellung: Digital PS Druck AG, Frensdorf/Birkach

KLEINES LEXIKON DER KIRCHEN IN DEUTSCHLAND

Begriffe - Strukturen - Adressen

Ein ökumenisches Nachschlagewerk unter besonderer Berücksichtigung der ev. Kirchenstrukturen

KLEINES LEXIKON DER KIRCHEN IN DEUTSCHLAND

Begriffe, Strukturen, Adressen

Ein ökumenisches Nachschlagewerk für Kirchenälteste, Journalisten und interessierte Kirchenmitglieder

Ich stand vor meinem Dekanat. Eine ältere Dame kam dazu. Sie war am Sonntag im Gottesdienst gewesen und wollte sich mir nun kurz vorstellen. So sprach sie mich an. „Herr Pastor", sagte sie und betonte dabei, wie im Rheinland üblich, die zweite Silbe des Wortes Pastor. Aber dann unterbrach sie sich schon und meinte: „Aber hier in Baden sagt man ja wohl nicht Pastor, sondern Pfarrer? Ich möchte nämlich ganz korrekt sein." „Ja dann", sagte ich nun und verwies dabei auf das Dekanatsschild neben der Tür, „ich bin hier der Dekan."
Da nun ging eine sichtbare Enttäuschung über ihr Gesicht: „Ach, dann sind Sie noch gar nicht fertig?" Offenbar hatte sie den Dekan mit dem Diakon verwechselt.

Hand auf´s Herz: Wer weiß schon in Norddeutschland, was ein Dekan, oder wer in Süddeutschland, was ein Superintendent ist? Und was ist ein Propst, ein Ordinariatsrat, eine Synode, ein Konsistorium oder ein Monsignore? Wer hat das Sagen in der evangelischen Kirche, und ist jedes Wort, das über die Lippen des Papstes kommt, unfehlbar? Und wie ist es mit den Freikirchen und Sekten? Wozu gehören die Baptisten und Adventisten?
Selbst Kirchenkundigen fällt es schwer, sich in der bunten Vielfalt der kirchlichen Strukturen, der Ämter und Titel, der Liturgien (Gottesdienstgestaltungen) und der Frömmigkeitsformen zurechtzufinden.

Auch dieses kleine Kirchenlexikon kann nur eine Auswahl bieten, wobei der Schwerpunkt vor allem bei den evangelischen Kirchen und sodann bei den katholischen Kirchen liegt und die orthodoxen Kirchen nur kurz berücksichtigt werden.
Dem alphabetischen Lexikon folgen Übersichten über die Strukturen der einzel-

nen Kirchen, wobei insbesondere der unterschiedliche Aufbau der evangelischen Landeskirchen in Deutschland dargestellt wird.

Zum Schluss folgt dann ein kurzer Blick auf die religiösen Sondergemeinschaften und Sekten.
So möchte diese kleine ökumenische Kirchenkunde für alle, die es mit den Kirchen zu tun haben oder sich für ihre Vielfalt interessieren, eine Hilfe sein.

INHALT

VOM ABENDMAHL BIS ZUM ZUNGENREDEN

Ein kleines alphabetisches Kirchenlexikon in Stichworten

Häufig gebrauchte Abkürzungen:
ev. = evangelisch, kath. = katholisch, orth. = orthodox
‣ **Verweis**

‣A

Abendmahl, vorwiegend evangelische Bezeichnung für die gottesdienstliche Feier mit Brot und Wein in Erinnerung an den Tod und die Auferstehung Jesu. (Im Abendmahl erfahren die Christen die Gegenwart Jesu Christi, Sündenvergebung und Gemeinschaft untereinander.) ‣ **Eucharistie,** ‣ **Sakrament**

Abendmahlsgemeinschaft, vereinbarte Einladung einzelner Kirchen an Mitglieder anderer Kirchen zur Teilnahme am Abendmahl, ein Zeichen besonderer Gemeinschaft dieser Kirchen

AB-Gemeinschaft, Ev. Gemeinschaft Augsburgischen Bekenntnisses, eine ‣ **landeskirchliche Gemeinschaft**, vor allem in Baden. ‣ **Augsburger Bekenntnis**

Ablass, kath., kirchlicher Nachlass von zeitlichen Strafen (Fegefeuer), die der Sünder auch nach der Umkehr noch zu verbüßen hat

Absolution, Zuspruch der Sündenvergebung nach einem Sünden- oder Bußbekenntnis

Abt, Vorsteher eines kath. Klosters oder Ordens, zumeist im Bischofsrang. Im ev. Bereich Ehrentitel für den Leiter eines Klosterstiftes (z. B. Abt von Loccum in Niedersachsen)

ACK, Arbeitsgemeinschaft christlicher Kirchen in Deutschland.
Mitglieder: Die ev. Landeskirchen, die meisten ev. Freikirchen, die kath. Kirchen,

einige orthodoxe Kirchen in Deutschland. ‣ **Ökumenische Bewegung**

AD-LIMINE-BESUCH, regelmäßiger Besuch einzelner katholischer Bischöfe beim Papst in Rom zur Berichterstattung über ihre ‣ **Diözese**

ADVENIAT, kath. Hilfsorganisation für die Kirchen Lateinamerikas zur Förderung der gesamten kirchlichen Arbeit

ADVENTISTEN, Gemeinschaft der Siebenten-Tags-Adventisten, ev. Freikirche mit Heiligung des Sabbats anstelle des Sonntags. Lebt in der Erwartung der baldigen Wiederkunft Christi

AGAPE, gemeinsames gottesdienstliches Essen, Vorstufe des Abendmahles

AGENDE, Gottesdienstbuch mit liturgischen Ordnungen, Gebeten und Texten

AKADEMIE, Ev. und Kath. Akademie, veranstaltet Tagungen zu aktuellen gesellschaftlichen, kirchlichen, politischen und wissenschaftlichen Fragen auf christlicher Grundlage

AKTION SÜHNEZEICHEN, ev. Friedensdienst, Versöhnung durch praktische Arbeit

ALBE, weißes liturgisches Gewand, zunehmend auch im ev. Gottesdienst verwendet

ÄLTESTE, auch: Kirchenälteste, ev., von den Gemeinden gewählte Mitglieder des ‣ **Ältestenkreises** und des ‣ **Kirchengemeinderates**

ÄLTESTENKREIS, ev., Leitungsorgan einer Pfarrgemeinde. ‣ **Presbyterium**, ‣ **Kirchengemeinderat**

ALLIANZ, Ev. Allianz, eine Arbeitsgemeinschaft der ‣ **Landeskirchen**, der ‣ **landeskirchlichen Gemeinschaften** und der ‣ **Freikirchen**. Träger der regelmäßigen Allianzgebetswoche im Januar

ALTBISCHOF, pensionierter Bischof oder Landesbischof

ALTE KIRCHE, Epoche der Kirchengeschichte, etwa 100–600 n. Chr.

ALTES TESTAMENT, erstes Testament, erster Teil der Bibel, gemeinsame Heilige Schrift der Juden und Christen

ALT-KATHOLISCHE KIRCHE, in der Schweiz Christkatholische Kirche, Abtrennung von der römisch-katholischen Kirche nach dem 1. Vatikanischen Konzil 1871. ‣ **Romfreie katholische Kirchen**

ALT-LUTHERISCHE KIRCHE, Selbständige Evangelisch-Lutherische Kirche (SELK), entstanden aus der Ablehnung einer Union von Lutheranern und Reformierten in den ev. Landeskirchen im 19. Jahrhundert. ‣ **Freikirchen**

ALTORIENTALISCHE KIRCHEN, ‣ **Orthodoxe Kirchen**

ALTPIETISTEN, evangelische ‣ **landeskirchliche Gemeinschaft**

ALTREFORMIERTE KIRCHEN, entstanden aus der Ablehnung einer Union von Lutheranern und Reformierten in den ev. Landeskirchen im 19. Jahrhundert. ‣ **Freikirchen**

ALTGLÄUBIGE, Raskolniki, Abspaltung von der ‣ **Russisch-Orthodoxen Kirche**

AMTSVERSTÄNDNIS, theologische Beurteilung der verschiedenen Ämter in den Kirchen (Bischofsamt, Priesteramt, Pfarramt u.a.)

AMTSHANDLUNGEN, auch Kasualien, zusammenfassende ev. Bezeichnung für Tauf-,Trau- und Beerdigungsgottesdienste

ANGLIKANISCHE KIRCHE, reformatorische (evangelische) englische Staatskirche. ‣ **Anglikanische Kirche**

ANTEPENDIUM, auch Parament, sakrales Tuch am Altar und an der Kanzel in den Farben des Kirchenjahres

Anthroposophie, nach Rudolf Steiner ein „Erkenntnisweg, der das Geistige im Menschenwesen zum Geistigen im Weltall führen möchte", lehrt u.a. die Wiedergeburt. ‣ **Christengemeinschaft**

Apokalypse, letztes Buch der Bibel, die Offenbarung des Johannes, auch jüdische und christliche Schriften mit endzeitlichen Visionen

Apostel, die Gründer der urchristlichen Gemeinden, vornehmlich die Jünger Jesu und Paulus

Apostolischer Administrator, Verwalter einer Apost. Administratur, einer bistumsähnlichen Sonderregion, mit bischöflichen Rechten

Apostolisches Glaubensbekenntnis, Apostolikum, frühchristliches Taufbekenntnis aus dem 4. Jahrhundert, vor allem in der katholischen und evangelischen Kirche, nicht aber in der orthodoxen Kirche gebraucht

Apostolische Kirche, ev. Freikirche, zur ‣ **Pfingstbewegung** gehörend

apostolische Sukzession, successio apostolica, die ununterbrochene Kette in der Amtsnachfolge der (vor allem katholischen) Bischöfe. Die Weitergabe der apost. Sukzession geschieht durch Weihe und Handauflegung. Das von der röm.-kath. Kirche angenommene Fehlen der apost. Sukzession in den reformatorischen Kirchen bestimmt die ökumenische Diskussion um das kirchliche Amt und ist ein Haupthindernis bei der Weiterentwicklung der Ökumene

Apostolische Väter, frühchristliche Theologen und Kirchenführer vor allem des 2. und 3. Jahrhunderts

Apostolischer Stuhl, andere Bezeichnung für die römische Kurie

Archidiakon, frühere Bezeichnung des ersten Pfarrers an einer Kirche, auch ‣ **Oberpfarrer**, in der anglikanischen Kirche ein höherer Geistlicher, in der orthodoxen Kirche Rangstufe bei der Mönchsgeistlichkeit. ‣ **Orthodoxe Kirchen**

Archimandrit, Oberer eines ostkirchlichen (orthodoxen) Klosters. Heute auch Ehrentitel für verdiente orthodoxe Priester, Rangstufe aller orthodoxen Bischöfe

Archipresbyter, orth. ‣ **Erzpriester**, Titel eines Geistlichen

Arianische Kirche, entstanden bei den christologischen Streitigkeiten des 3. u. 4. Jahrhunderts, zurückgehend auf den Theologen Arius, der die Wesensgleichheit Christi mit Gott (seine göttliche Natur) bestritt. Vor allem die Ostgoten nahmen den arianischen Glauben an. Die arianische Kirche ging im frühen Mittelalter in der römisch-katholischen Kirche auf

Armenische Kirche, ‣ **Orthodoxe Kirchen, Orientalische Nationalkirchen**

Arnoldshainer Konferenz, 1967 in Arnoldshain gegründete Arbeitsgemeinschaft vorwiegend unierter deutscher Landeskirchen zur Bearbeitung theologischer und kirchlicher Fragen

Arnoldshainer Thesen, verabschiedet 1957 in Arnoldshain, beenden den über Jahrhunderte währenden Abendmahlsstreit zwischen den lutherischen, reformierten und unierten Christen in Deutschland

Augsburger Bekenntnis, Confessio Augustana, Bekenntnis der evangelischen Reichsstände 1530 auf dem Reichstag zu Augsburg, grundlegendes Bekenntnis der reformatorischen, vor allem der lutherischen Kirchen

‣ B

Bahnhofsmission, ev. und kath. karitative Einrichtung zur Betreuung hilfsbedürftiger Reisender auf Bahnhöfen

Baptisten, in Deutschland: Bund Evangelisch-Freikirchlicher Gemeinden, ‣ **reformatorische**, dem Pietismus verpflichtete ‣ **Freikirche** mit Erwachsenentaufe, in Deutschland rd. 86.000 Mitglieder und Anhänger (weltweit rd. 70 Mill.), Mitglied in der ‣ **ACK**, der ‣ **KEK** und in der ‣ **Ev. Allianz**

Barmer Theologische Erklärung, von der ‣ **Bekennenden Kirche** 1934 in Barmen formuliertes Bekenntnis gegen die Irrlehren der ‣ **Deutschen Christen**. Von den meisten deutschen Landeskirchen als grundlegendes Bekenntnis übernommen

Bauherren, Funktionstitel im Kirchenvorstand in Bremen

Beffchen, weißes kleines (Hals-)Tuch über dem Talar

Beichte, Bekenntnis der Sünden in der Einzelbeichte und in der (gottesdienstlichen) allgemeinen Beichte. ‣ **Buße**

Bekennende Kirche (Abk. **BK**), Zusammenschluss ev. Christen gegen die nationalsozialistische Manipulation der Kirchen vor allem durch die ‣ **Deutschen Christen** nach 1933. ‣ **Kirchenkampf**

Bekenntnisbewegung, die Bekenntnisbewegung „Kein anderes Evangelium" und die „Kirchliche Sammlung um Bibel und Bekenntnis" sind konservativ geprägte, zum ‣ **Fundamentalismus** neigende kirchliche Gruppierungen innerhalb der evangelischen Kirche

Bekenntnisschriften, grundlegende Bekenntnisse der ev. Landeskirchen (z. B. Luthers Kleiner und Großer Katechismus, der Heidelberger Katechismus, das Augsburger Bekenntnis)

Bezirkssynode, gewähltes Leitungsorgan eines Kirchenbezirkes in der Ev. Landeskirche in Baden und in der Ev. Kirche der Pfalz

Bibelforscher, Ernste Bibelforscher. ‣ **Zeugen Jehovas**

Benediktiner, Ordo Sancti Benedicti, OSB, kath. Männerorden (Kloster Beuron, Maria Laach, Ettal). ‣ **Orden und Kongregationen**

Bezirksdekan, kath., entspricht dem ‣ **Dekan**

Bezirkskantor, ev., Titel des für die Kirchenmusik in einem Kirchenbezirk zuständigen ‣ **Kantors**

Bibelkritik, ‣ **Historisch-kritische Bibelforschung**

Bibelgesellschaft, selbstständiger ev. Verlag zur Verbreitung der Bibel

Bibelschule, seminaristische Ausbildungsstätte vor allem der ev. Gemeinschaften und Freikirchen

Biblizismus, wörtliches Verständnis des Bibeltextes

Bischof, in der kath. Kirche nach dem Papst zweithöchstes Leitungssamt mit besonderer Weihe, Nachfolger der Apostel in der ‣ **apostolischen Sukzession**. ‣ **Erzbischof,** ‣ **Bischofsvikar,** ‣ **Weihbischof.** (Anrede auch Exzellenz). In den ev. Kirchen höchstes persönliches Leitungssamt. ‣ **Landesbischof,** ‣ **Erzbischof,** ‣ **Präses,** ‣ **Kirchenpräsident**

Bischofskollegium, kath., Gemeinschaft aller Bischöfe in der Nachfolge der Apostel. ‣ **Apostolische Sukzession**

Bischofskonferenz, ev.: Leitungsgremium der ‣ **Vereinigten Ev.-Luth. Kirche in Deutschland**, bestehend aus den leitenden Geistlichen der Gliedkirchen; kath.: Zusammenkunft der Bischöfe in einem Teilbereich der kath. Kirche zur gemeinsamen Ausübung ihres bischöflichen Dienstes

Bischöfliches Ordinariat, Verwaltungsorgan eines kath. Bistums (auch: Generalvikariat)

Bischofssynode, ein den Papst beratendes Bischofsgremium

Bischofsvikar, kath., bischöflicher Helfer des Diözesanbischofs. ‣ **Weihbischof**

BK, Abk. für ‣ **Bekennende Kirche**

BK, Abk. für Schülerbibelkreise. In der Ev. Schülerarbeit sind die Schülerbibelkreise und die Mädchenbibelkreise (MBK) zusammengefasst

Blaues Kreuz, ev. Verein zur Abwehr des Alkoholismus, vor allem in Deutschland und in der Schweiz

Böhmische Brüderkirche, reformierte tschechische Kirche, ‣ **ref. Freikirchen**, Mitglied im ‣ **Reformierten Weltbund**, ‣ **Hussiten**

Bonifatiuswerk der deutschen Katholiken, kirchliches Werk zur Förderung der Diasporaseelsorge in Deutschland

Brevier, Stundengebet (vor allem der kath. Geistlichen)

Brot für die Welt, ev. Spendenaktion (des ‣ **Diakonischen Werkes**) für die Entwicklungsländer, fördert die Hilfe zur Selbsthilfe

Bruderhilfe, Versicherung im Raum der Kirchen

Bruderschaftliche Leitung, in der Ev. Kirche von Berlin-Brandenburg ein kollegiales Leitungsorgan eines Kirchenkreises ohne Superintendenten, jetzt Leitungskollegium genannt.

Brüdergemeine, Evangelische Brüderunität. ‣ **Herrnhuter Brüdergemeine**

Bund der Evangelischen Kirchen in der DDR, 1969 gegründeter Zusammenschluss der ev. Landeskirchen in der DDR unter organisatorischer Trennung von der ‣ **EKD**, nach der Wiedervereinigung 1991 aufgelöst

Bund Evangelischer Freikirchen, ‣ **Baptisten**

Busse, Bußsakrament der kath. Kirche mit ‣ **Beichte** und ‣ **Absolution**

▸ C

CA, Abk. für Confessio Augustana. ▸ **Augsburgisches Bekenntnis**

CALVINISTEN, Anhänger der Lehre des Reformators Calvin. ▸ **Reformierte Kirchen**

CAND. THEOL., Kandidat der Theologie mit abgeschlossenem 1. Theologischen Examen

CARITAS, kath. Hilfsorganisation mit vielfältigen sozialen Aktivitäten. ▸ **Deutscher Caritasverband**

CHALDÄISCHE KIRCHE, ▸ **Nestorianer**

CHOR, Kirchenchor, auch Chorraum, meist nach Osten ausgerichteter, im Innern abgegrenzter Teil einer Kirche, oft mit dem seitlichen Chorgestühl für die Priesterschaft oder Ordensangehörige

CHRISCHONA-GEMEINSCHAFT, Pilgermission St. Chrischona (bei Basel), ▸ **landeskirchliche Gemeinschaft**, vor allem in Baden und der Schweiz, auch Träger einer Ausbildungsstätte und Missionsgesellschaft

CHRISTENGEMEINSCHAFT, von der ▸ **Anthroposophie** geprägte christliche Gemeinschaft, die sich als Synthese von Katholizismus und Protestantismus versteht. Sonntägliche Menschenweihehandlung mit Predigt und Abendmahl. Die Mitglieder können auch weiterhin der kath. oder ev. Kirche angehören. ▸ **Sekten und religiöse Sondergemeinschaften**

CHRISTENLEHRE, außerschulischer kirchlicher Religionsunterricht, vor allem in den östlichen Gliedkirchen der EKD, in Süddeutschland auch der nach der Konfirmation weiterführende kirchliche Unterricht

CHRISTKATHOLISCH, schweizerische Bezeichnung für ▸ **altkatholisch**

Christliche Pfadfinder (VCP), Verband Christlicher Pfadfinderinnen und Pfadfinder, ev. Zweig der Pfadfinder

Christliche Wissenschaft (engl.: Christian Science), eine den ‣ **Sekten** zugeordnete christliche Gemeinschaft, die neben der Bibel die Schriften der Amerikanerin Mary Baker (1821–1910) als Glaubensquelle hat

Christoffel-Blindenmission, freie ev. Missionsgesellschaft mit medizinischen Hilfseinrichtungen vor allem für Blinde (bes. in Ägypten und im Sudan)

Christologie, theologische Lehre von der Offenbarung Gottes in Jesus Christus

Christusbruderschaft, ordensähnliche ev. Gemeinschaft von Männern, Frauen oder Familien. ‣ **Ev. Kommunitäten**

CVJM (engl.: YMCA), Abk. für Christlicher Verein Junger Menschen (ursprünglich Junger Männer)

‣ D

Dechant, ‣ **Dekan**

Dekalog, Bezeichnung für die Zehn Gebote der Bibel

Dekan, in der ev. Kirche vor allem in Süddeutschland mittleres kirchliches Leitungssamt mit Dienstaufsicht über Pfarrer und kirchliche Mitarbeiter, in Norddeutschland u.a. ‣ **Superintendent**, ‣ **Propst** oder ‣ **Kreisoberpfarrer**. In der kath. Kirche (auch Dechant) Leiter eines Dekanates, eines Klosters, eines Dom- oder Landkapitels. An den Universitäten: Leiter einer Fakultät

Dekanat, Amtsbezirk eines Dekans, auch gebraucht für Dekanatsamt. ‣ **Kirchenbezirk**

Dekanatsrat, kath., bestehend u.a. aus Delegierten der Pfarrgemeinderäte, der Ortscaritasverbände und der Bildungswerke zur Vertretung der Kirche innerhalb der Gesellschaft

DEKANATSSPRENGEL, Untergliederung eines Dekanates unter Leitung eines ‣ **Prodekans**

DENOMINATION, christliche Kirchen und Gemeinschaften, die keine Staats- oder Volkskirchen sind, insbesondere die ‣ **Freikirchen**. In Nordamerika alle protestantischen Gemeinschaften mit kirchlichem Charakter (nicht aber die Sekten)

DEUTSCHE CHRISTEN (Abk. DC), ev. kirchliche Gruppe im Dritten Reich, die sich dem Nationalsozialismus anpasste

DEUTSCHER EVANGELISCHER FRAUENBUND, übergemeindlicher Zusammenschluss ev. Frauen zur Wahrnehmung diakonischer und sozialpolitischer Aufgaben, Fachverband des ‣ **Diakonischen Werkes**, u.a. Träger von Alten-, Mütter- und Kinderheimen

DEUTSCHER EVANGELISCHER KIRCHENTAG (Abk. DEKT), ‣ **Ev. Kirchentag**

DIAKON, DIAKONIN, ev., besonders für Aufgaben in der Diakonie ausgebildete kirchliche Mitarbeiter, eingesetzt u.a. als Heimleiter, in der Gemeindeseelsorge, gelegentlich auch im Predigtdienst. Oft Mitglied einer Diakonen- und Diakoninnengemeinschaft (‣ **Diakonisches Werk**)

DIAKON, katholischer und orthodoxer (auch anglikanischer) Geistlicher mit einem Weihegrad unter dem Priester. ‣ **Priesterweihe,** ‣ **Weihe**

DIAKON(US), frühere Bezeichnung von Pfarrern in einer dem ‣ **Archidiakon(us)** nachgeordneten Pfarrstelle

DIAKONIE, zusammenfassende Bezeichnung für die sozialen Aktivitäten in den ev. Kirchen. ‣ **Diakonisches Werk**

Diakonieschwester, Angehörige einer ev. Schwesternschaft in der Krankenpflege

Diakoniestation, ev. Sozialstation

Diakonisches Werk, Zusammenschluss der diakonischen Einrichtungen in den ev. Kirchen. ‣ **Evangelische Kirchen, Diakonisches Werk**

Diakonisse, Angehörige einer ev. Schwesternschaft (eines Diakonissenmutterhauses) mit besonderen Verpflichtungen (z. B. der Ehelosigkeit), vor allem als Krankenschwestern und Erzieherinnen eingesetzt

Diaspora, konfessionelle Minderheit

Dies (lat. Tag), Zusammenkunft kath. Pfarrer

Diözese, kath., Bistum, Amtsgebiet eines Bischofs

Diözesanrat, auch Diözesansynodalrat, kath. Beratungsgremium des Bischofs von ‣ **Laien** (und Geistlichen) zur Vertretung der Kirche innerhalb der Gesellschaft

Diözesanversammlung, nicht kirchenamtliches Gremium des Laienapostolates zur Beratung des Bischofs

Diplomtheologe, Theologe mit Hochschulabschluss

Dispens, kath., Befreiung von der kirchlichen Formpflicht (etwa der kath. Trauung bei einer ökumenischen oder ev. Trauung)

Dogma (Mz. **Dogmen**), grundlegende, in der kath. und orth. Kirche verbindliche Lehre

Dom, Bischofs-, Haupt- oder Stiftskirche

Domdekan, kath., dem Dompropst nachgeordneter höherer Geistlicher eines ‣ **Domkapitels**

Domherr, Angehöriger eines ‣ **Domkapitels** oder eines Domstiftskollegiums. ‣ **Domstift**

Dominikaner, Ordo Fratrum Praedicatorum, OP, Predigerorden, kath. Männerorden. ‣ **Orden und Kongregationen**

Domkapitel, kath., Beratungsgremium des Bischofs bei der Leitung der ‣ **Diözese** (des Bistums), oft mit dem Recht der Beteiligung bei der Bischofswahl

Domkapitular, kath., Angehöriger eines Domkapitels

Dompropst, kath., höherer Geistlicher in einem Domkapitel

Domstift, ev., Vermögensverwaltung des Dombesitzes

‣ E

Ecclesia, Versicherung im Raum der Kirche

Einsegnung, vor allem in Norddeutschland ältere Bezeichnung für ‣ **Konfirmation**

Eminenz, kath., Ehrentitel (und Anrede) eines ‣ **Kardinals**

EPD, Ev. Pressedienst, herausgegeben vom ‣ **GEP**

Ephorus, Vorsteher eines theologischen Seminars oder Kollegs, früher auch Bezeichnung für ‣ **Superintendent**, ‣ **Dekan**, heute nur noch in der Verbindung von Ephorenkonvent

Episkopalkirchen, nicht katholische Kirchen mit bischöflicher Verfassung (z.T. mit ‣ **apostolischer Sukzession**, wie z. B. die orthodoxen, anglikanischen und skandinavischen Kirchen)

Epistel (lat. Brief), (sonntägliche) Lesung aus den Briefen des Neuen Testaments

Erzabt, Leiter einer Klostervereinigung

Erzbischof, in der kath. Kirche leitender Bischof einer Kirchenprovinz (‣ **Metropolit**) oder auch der Bischof, der einem Erzbistum ohne Kirchenprovinz vorsteht, gelegentlich auch bischöflicher Ehrentitel. In den lutherischen Kirchen u.a. in Skandinavien und in den anglikanischen Kirchen auch übergeordnete Bischöfe

Erzbistum, Metropolitanbistum, Bistum, das Sitz des Erzbischofs ist

Erzpriester, Titel eines höheren Weltgeistlichen (im Rang zwischen Priester und Bischof) in der orthodoxen Kirche (auch Archipresbyter)

Erweckungsbewegung, pietistische Bewegung im 19. Jahrhundert unter Betonung einer Bekehrung und eines persönlichen Bekenntnisses. ‣ **Pietismus**

Eschatologie, theologische Lehre von der Endzeit der gegenwärtigen Welt, vor allem im Zusammenhang mit der Wiederkehr Jesu Christi

ESG, Abk. für Ev. Studierendengemeinde (auch Ev. Studentinnen-/Stundentengemeinde), besondere Gemeinden an den Universitäten, Hoch- und Fachschulen

Esoterik, ursprünglich Geheimwissen von Eingeweihten, heute Sammelbegriff für eine ‣ **synkretistische** religiöse Bewegung unter Aufnahme verschiedenster Elemente, wie Astrologie, (fernöstlicher) Meditation, Naturmystik, Sonnenkulten und fernöstlicher Heilungspraktiken

Eucharistie, wörtl. „Danksagung“, vor allem im kath. Bereich Bezeichnung für das Abendmahl

Evangelisation, besondere Veranstaltung zur Glaubenserweckung, besonders bei den ‣ **Freikirchen** und im Rahmen der ‣ **Evangelischen Allianz**

EVANGELIKAL, konservative Frömmigkeitsform in den ev. Landeskirchen und Freikirchen unter Betonung persönlicher Glaubenserfahrungen, Ablehnung der Bibelkritik

EVANGELISCH, nach M. Luther das, was sich in Übereinstimmung mit dem Evangelium befindet. Seit Ende des 16. Jahrhunderts Sammelbezeichnung für die aus der Reformation hervorgegangenen Lutheraner und Reformierten. Viele ‣ **lutherische** und **reformierte Kirchen**, ‣ **Freikirchen** und ‣ **Denominationen** führen den Begriff in ihren Selbstbezeichnungen. ‣ **protestantisch**, ‣ **Die evangelischen Kirchen**

EVANGELISCHE AKADEMIE, Einrichtung der ev. Erwachsenenbildung, Förderung des Dialoges zwischen Kirche und Welt, vor allem mit wissenschaftlichen Tagungen

EVANGELISCHE ALLIANZ, ‣ **Allianz**

EVANGELISCHE ERWACHSENENBILDUNG, örtliche, regionale und überregionale Einrichtungen der ev. Volksbildung auf breiter Grundlage

EVANGELISCHE FRAUENHILFE, (ältere) Bezeichnung für die Frauenarbeit in den ev. Gemeinden und Landeskirchen

EVANGELISCHE GEMEINSCHAFT, ‣ **Gemeinschaftsbewegung**

EVANGELISCHE KIRCHE DER BÖHMISCHEN BRÜDER, ev. Kirche in Tschechien in der Tradition der ‣ **Hussiten**

EVANGELISCHE MICHAELSBRUDERSCHAFT, Gemeinschaft von Männern zur Erneuerung der Kirche und zur Pflege der Liturgie mit regelmäßigen Gebetszeiten

EVANGELISCH-JOHANNISCHE KIRCHE, ‣ **Johannische Kirche**

EVANGELISCH-LUTHERISCHE FREIKIRCHE, ‣ **Altlutherische Kirchen**

Evangelischer Bund, konfessionskundliches und kirchliches Arbeitswerk der EKD mit dem Konfessionskundlichen Institut in Bensheim (Bergstraße)

Evangelischer Entwicklungsdienst (EED), Zusammenschluss verschiedener Entwicklungsdienste der ev. Landeskirchen und Freikirchen, dazu der Selbstständigen Ev.- Lutherischen Kirche (SELK) und der Alt-Katholischen Kirche

Evangelischer Kirchentag, zweijähriges großes ev. Laientreffen unter Beteiligung der Landeskirchen

Evangelischer Presseverband, publizistisches Werk einer Landeskirche, Herausgeber kirchlicher Publikationen

Evangelisches Konsistorium, ‣ **Konsistorium**

Evangelisches Rechnungsamt, für die Finanzverwaltung mehrerer Kirchengemeinden zuständiges kirchliches Verwaltungsamt

Evangelium (gr. „frohe Botschaft"), Bezeichnung der vier ersten Schriften des NT, auch für einen (sonntäglichen) Lesungsabschnitt aus den Evangelien

Evangeliumsrundfunk, eine der ‣ **Ev. Allianz** nahe stehende Rundfunkanstalt

Even Song, liturgisches Abendgebet (möglichst mit Chorgesang) in der anglikanischen Liturgie

Exarch, in den Ostkirchen Vertreter des Patriarchen in einem bestimmten Gebiet. ‣ **Orthodoxe Kirchen**

ex cathedra-Entscheidung, (seltene) Lehrentscheidung des Papstes unter Inanspruchnahme seiner ‣ **Unfehlbarkeit**, insbesondere bei der Verkündung von Dogmen

Exegese, Bezeichnung für die (wissenschaftliche) Auslegung eines Textes

EXEMT, Bezeichnung für die direkt dem Papst unterstehenden Bistümer oder Orden

EXERZITIEN, kath., geistliche Übungen zur inneren Einkehr, zumeist über mehrere Tage

EXKOMMUNIKATION, kath., Kirchenbann, Ausschluss von den Sakramenten und aus der kirchlichen Gemeinschaft

EXODUS, Auszug der Israeliten aus Ägypten, andere Bezeichnung für das 2. Buch Mose

EXORZISMUS, Teufels- oder Geisteraustreibung (auch in Taufliturgien)

▸ F

FILIALGEMEINDE, zu einer Hauptkirche oder zu einer Kirchengemeinde gehörende Gemeinde ohne eigene Pfarrstelle, oft mit eigenem ▸ **Kirchengemeinderat** (▸ **Gemeindekirchenrat**, ▸ **Presbyterium** oder ▸ **Ältestenkreis**)

FIRMUNG (von lat. confirmare, befestigen), kath., ▸ **Sakrament** zur Ergänzung und Festigung der Taufe, vollständige Eingliederung in die Kirche durch eine besondere Ausstattung mit den Kräften des Heiligen Geistes unter Handauflegung und Salbung durch einen Bischof (Weihbischof)

FRANZISKANER, Ordo fratrum minorum, OFM, auch Barfüßer oder Minoriten genannt, kath. Männerorden. ▸ **Orden und Kongregationen**

FRATER, Klosterbruder ohne Priesterweihe

FREIE EV. GEMEINDEN, unabhängige ev. Einzelgemeinden, den Freikirchen nahe stehend, zusammengefasst im Bund Freier ev. Gemeinden

FREIKIRCHEN, ev. Kirchengemeinschaften, die keine Volks- oder Staatskirchen sind, vor allem im angelsächsischen Raum

Friedensdekade, ev., Zeit für besondere Veranstaltungen für den Frieden im Monat November

Fronleichnam, kath. Fest der Verehrung des Altarsakramentes (der Eucharistie), zumeist verbunden mit Prozessionen im Freien oder in der Kirche unter Mitführung der ‣ **Monstranz**

Frühe Kirche, die Kirche der ersten Jahrhunderte nach der ‣ **Urgemeinde.** ‣ **Alte Kirche**

Fundamentalismus, in der Kirche: unduldsame Frömmigkeitshaltung, Festhalten an alten Traditionen in der Gestaltung des kirchlichen Lebens, oft verbunden mit einer wörtlichen Auslegung der Bibel

‣ G

Geistliche, zusammenfassende Bezeichnung für den ‣ **Klerus** (kath.) und die Pfarrer (ev.)

Geistlicher Rat (Abk. G.R.), Ehrentitel für verdiente katholische Geistliche

Gemeindebeirat, Beratungsorgan des Kirchengemeinderates (Gemeindekirchenrates, Presbyteriums) aus der kirchlichen Mitarbeiterschaft

Gemeindediakon, Gemeindediakonin, ‣ **Gemeindehelferin**. Mitarbeiter in der Gemeinde mit Fachhochschulausbildung, vor allem in der Kinder-, Jugend-, Erwachsenen- und Sozialarbeit

Gemeinde Gottes, ev. ‣ **Freikirche**, der ‣ **Pfingstbewegung** zugehörig

Gemeindehelferin, ‣ **Gemeindediakonin**

Gemeindekirchenrat (Abk. GKR), gewähltes Leitungsgremium einer Kirchengemeinde. ‣ **Kirchengemeinderat**, ‣ **Presbyterium**, ‣ **Kirchenvorstand**

GEMEINDEMISSIONAR, in der rheinländischen Kirche Verwalter (nicht Inhaber) einer Pfarrstelle mit seminaristischer Ausbildung

GEMEINDEPÄDAGOGE, Mitarbeiter in einer Kirchengemeinde mit Hochschulausbildung vor allem im Religionsunterricht, in der Kinder-, Jugend- und Erwachsenenarbeit

GEMEINDEPFARRER, ev., andere Bezeichnung für den Ortspfarrer (lat.: pastor loci)

GEMEINDEREFERENTIN, Mitarbeiterin in einer kath. Gemeinde mit Fachhochschulausbildung vor allem in der Seelsorge, in der Kinder-, Jugend- und Erwachsenenarbeit. ‣ **Gemeindediakonin**

GEMEINDEVERSAMMLUNG, Beratungsgremium für das Leitungsorgan der Kirchengemeinde. Stimmberechtigt ist jedes wahlfähige Mitglied der Kirchengemeinde

GEMEINE, Bezeichnung für Gemeinde in der ‣ **Herrnhuter Brüdergemeine**

GEMEINSCHAFT DER SIEBENTEN-TAGS-ADVENTISTEN, ‣ **Adventisten**

GEMEINSCHAFTSBEWEGUNG, in der Tradition des ‣ **Pietismus** und der Erweckungsbewegung des 19. Jahrhunderts stehende landeskirchliche und freikirchliche Gemeinschaften. Betonung einer Bekehrung und eines persönlichen Bekenntnisses. ‣ **Landeskirchliche Gemeinschaften**

GENERALMILITÄRDEKAN, nach dem Militärbischof der oberste Leiter der Militärseelsorge

GENERALVIKAR, kath., ständiger Vertreter des Diözesanbischofs in der allgemeinen Diözesanverwaltung

GEP, Abk. für Gemeinschaftswerk der Ev. Publizistik mit Sitz in Frankfurt a.M., ‣ **epd**

Gideonbruderschaft, ev., Gemeinschaft vor allem von Geschäftsleuten zur Verbreitung der Bibel

Gnadauer Verband, Dachverband der ‣ **Gemeinschaftsbewegung** in Deutschland

Grenzschutzdekan, Dekan für die Grenzschutzpolizeiseelsorge

Grenzschutzpfarrer, Pfarrer in der Grenzschutzpolizeiseelsorge

Grundordnung, Verfassung der Landeskirchen und der kirchlichen Zusammenschlüsse in Deutschland

Gruppenamt, ‣ **Gruppenpfarramt**

Gruppenpfarramt, ev., mehrere Pfarrer sind (mit Aufgabenverteilung) Inhaber einer gemeinsamen Pfarrstelle. In einem Gruppenamt (Baden) verwalten neben den Pfarrern weitere kirchliche Mitarbeiter (wie z. B. Gemeindediakone, Sozialpädagogen und kirchliche Sozialarbeiter) gemeinsam die Pfarrstelle

Gustav-Adolf-Werk, ev. Hilfsorganisation für Gemeinden und Kirchen in der ‣ **Diaspora**

‣ H

Hahnsche Gemeinschaft, ‣ **Landeskirchliche Gemeinschaften**

Hare-Krishna-Bewegung, aus Indien kommende religiöse Bewegung mit Initiationsriten, oft in Wohngemeinschaften lebenden Mitgliedern mit hinduistisch geprägten Gebetspraktiken. ‣ **Sekten und religiöse Sondergemeinschaften**

Häresie, Abweichung von den grundlegenden Lehrmeinungen der Kirchen

Heidelberger Katechismus, grundlegendes reformatorisches Bekenntnis aus dem 16. Jahrhundert, vor allem der reformierten Kirchen

Heiliger Synod, neben dem Patriarchen Leitungsorgan der Russisch-orthodoxen Kirche

Heiliger Vater, Papsttitel

Heilsarmee, eine aus dem ‣ **Methodismus** hervorgegangene christliche Mission, vor allem unter den Armen, Trinkern und Prostituierten, insbesondere in den Großstädten. Träger sozialer Einrichtungen. ‣ **Ev. Freikirchen**

Hilfe für Brüder, evangelikaler Entwicklungsdienst

Hilfsprediger, frühere Bezeichnung für einen Pfarrer im Hilfsdienst ohne eigene Pfarrstelle. ‣ **Pfarrer im Entsendungsdienst,** ‣ **Pfarrvikar**, ‣ **Pfarrer z. A.**

Hilfswerk, nach dem 2. Weltkrieg gegründetes Hilfswerk der ev. Kirchen, jetzt aufgegangen im ‣ **Diakonischen Werk**

Herrnhuter Brüdergemeine, auch Brüder-Unität, eine zur Ev. Kirche in Deutschland gehörende ev. Gemeinschaft (Kirche), begründet im 18. Jahrhundert vom Grafen Zinzendorf bei der Aufnahme von evangelischen Flüchtlingen aus Mähren. Mitglied (ohne Stimmrecht) in der ‣ **EKD**, Herausgeber der ‣ **Herrnhuter Losungen**

Herrnhuter Losungen, jährlich neu erscheinendes Andachtsbuch mit einem für jeden Tag ausgelosten Spruch aus dem Alten Testament, dazu der Lehrtext, ein neutestamentlicher Bibelspruch, und ein Gebet. Erscheint in 46 Sprachen

Hierarchie, kirchliche Rangordnung

Historisch-kritische Bibelauslegung, ablehnend auch Bibelkritik, erforscht die Entstehungsgeschichte der biblischen Bücher und erklärt sie unter Berücksichtigung der Zeitumstände ihrer Entstehung

Hochkirche, stark liturgisch geprägte Richtung in einer Kirche, vor allem bei den Anglikanern

Hostie, beim Abendmahl gereichte Oblate als Zeichen des Leibes Christi; nach Lehre der kath. Kirche ist in der geweihten Hostie Jesus Christus gegenwärtig

Hussiten, Anhänger des böhmischen Reformators Jan Hus. ‣ **Böhmische Brüderkirche,** ‣ **Reformatorische Freikirchen**

‣ I

IDEA, Abk. für Informationsdienst der Evangelischen Allianz

Ikone, in den orthodoxen Kirchen bildliche Darstellung und Vergegenwärtigung von Jesus Christus, von biblischen Gestalten und Heiligen

Ikonostase, Bilderwand in den orthodoxen Kirchen, die den Altarraum vom Kirchenschiff trennt

Imprimatur, kath., kirchliche Druckerlaubnis

Innere Mission, ev., ältere Bezeichnung für ‣ **Diakonie, Diakonisches Werk**

Infallibilität, Unfehlbarkeit insbesondere des Papstes

Interkommunion, kath., Abendmahlsgemeinschaft

Inquisition, „Untersuchung“, kath. Ketzergerichtsbarkeit im Mittelalter und zur Zeit der Gegenreformation

‣ J

Jesuiten, lat. Societas Jesu, kath. Männerorden. ‣ **Orden und Kongregationen**

Jesus-Bruderschaft, ev. ‣ **Kommunität**

Jesus People, amerikanische religiöse Jugendbewegung aus den sechziger Jahren des 20. Jahrhunderts mit ‣ **fundamentalistischer**, z. T. auch ekstatischer Frömmigkeit

Johanniter-Orden, aus der Tradition des mittelalterlichen Johanniterordens hervorgegangene ev. Ordensgemeinschaft mit sozialen Aufgaben (z. B. Trägerschaften von Krankenhäusern, Altenheimen, Johanniterunfallhilfe). ‣ **Malteserorden**

Jugendweihe, der ‣ **Konfirmation** nachgestaltete feierliche nichtkirchliche Weihehandlung, vor allem in der ehemaligen DDR und jetzt in den östlichen Bundesländern weit verbreitet

Junge Gemeinde, ev. Gemeindejugendgruppen, vor allem in den östlichen Gliedkirchen der EKD

Jurisdiktionsprimat des Papstes, uneingeschränkte Gesetzgebungsgewalt des Papstes

‣ K

Kaiserswerther Verband, Zusammenschluss mehrerer ‣ **Diakonissenmutterhäuser**

Kammerer, kath., Stellvertreter des Dekans

Kantor, Titel für kirchliche Mitarbeiter in der Kirchenmusik, tätig vor allem als Organist, Chorleiter und Dirigent. ‣ **Bezirkskantor**, ‣ **Landeskantor**

Kanzelrecht, ev., Recht des Pfarrers, den Gottesdienst in der eigenen Gemeinde zu halten oder ihn an einen anderen zu delegieren

Kanzeltausch, ev., wechselseitige Vertretung von Pfarrern bei Gottesdiensten

Kaplan, katholischer Hilfsgeistlicher

Kapitelvikar, kath., Verwalter einer unbesetzten ‣ **Diözese**

Kardinal, Mitglied des Kardinalskollegiums (Senat des Papstes), das unter anderem den Papst zu wählen hat, Mitglied der ‣ **päpstlichen Familie**. Interne Rangstufen: Kardinalbischof, Kardinalpriester, Kardinaldiakon. Die in der Kurie hauptamtlich tätigen Kardinäle heißen Kurienkardinäle. Der Kardinalstaatssekretär ist der Leiter des Staatssekretariates der ‣ **Kurie**. Anrede der Kardinäle: Eminenz

Kasualien, ev., zusammenfassende Bezeichnung für Tauf-, Trau- und Beerdigungsgottesdienste, auch Amtshandlungen genannt

Katechet, kirchl. Mitarbeiter für die ‣ **Christenlehre** und den Religionsunterricht, vor allem in den östlichen Gliedkirchen der EKD

Katechismus, Lehrbuch des christlichen Glaubens

Kathedrale, kath. Bischofskirche, Hauptkirche eines Bistums. ‣ **Dom**

Katholikentag, Vollversammlung (Kirchentag) der Katholiken Deutschlands. Großveranstaltung der kath. Laien, getragen vom ‣ **Zentralkomitee der deutschen Katholiken**

Katholikos, orthodoxer Bischof, vor allem Oberhaupt der ‣ **orientalischen Nationalkirchen**

katholisch, 1. die allumfassende, weltweite Kirche, entsprechend dem Glaubensbekenntnis „eine heilige katholische (d. h. allgemeine), christliche Kirche". 2. Bezeichnung für die römisch-katholische Kirche

Katholische Akademie, Einrichtung der kath. Erwachsenenbildung, Förderung des Dialoges zwischen Kirche und Welt, vor allem mit wissenschaftlichen Tagungen

Katholisches Bibelwerk, Arbeitswerk zur Verbreitung der Bibel

Katholisches Bildungswerk, örtliche, regionale und überregionale Einrichtungen der kath. Volksbildung auf breiter Grundlage

Katholische Bischofskonferenz, ‣ **Bischofskonferenz**

Kinderdiakonin, kirchlich ausgebildete Kindergärtnerin, Erzieherin, vor allem in den östlichen Gliedkirchen der EKD

Kindergottesdiensthelferin, ehrenamtliche Mitarbeiterin im ev. Kindergottesdienst

Kirche Jesu Christi der Heiligen der letzten Tage, ‣ **Mormonen**

Kirchenamt der EKD, Verwaltungsamt der EKD in Hannover

Kirchendiener, der für den äußeren Rahmen des Gottesdienstes, für die Kirchengebäude und Gemeindehäuser zuständige Mitarbeiter, auch für Hilfsdienste in der Gemeindearbeit eingesetzt. ‣ **Kirchwart**, ‣ **Küster**, ‣ **Messner**, ‣ **Sigrist**

Kirchengemeinde, untere, örtliche Ebene in der ev. und kath. Kirche

Kirchengemeinderat, auch Kirchgemeinderat (Abk. KGR), ev., gewähltes Leitungsorgan einer Kirchengemeinde. Mitglieder sind die (Kirchen-)Ältesten und der Pfarrer. ‣ **Gemeindekirchenrat**, ‣ **Kirchenvorstand**. ‣ **Presbyterium**

Kirchenkampf, Bezeichnung für die Auseinandersetzung zwischen den christlichen Kirchen und dem Nationalsozialismus

Kirchenkanzlei, Bezeichnung für das Verwaltungsamt der ‣ **EKU**

Kirchenkonferenz, Leitungsgremium der ‣ **EKD** mit jeweils einem Vertreter der einzelnen Gliedkirchen

Kirchenkreis, ev., 1. Zusammenschluss mehrerer Kirchengemeinden. Die Leitung des Kirchenkreises liegt bei der Kreissynode und dem Dekan, Kreisoberpfarrer oder Superintendenten, ‣ **Dekanat**, ‣ **Kirchenbezirk.** 2. In Baden und Bayern Zusammenschluss mehrerer Dekanate unter Leitung eines ‣ **Kreisdekans** (Bayern) oder ‣ **Prälaten** (Baden)

Kirchenleitung, ev., Leitungsorgan in den einzelnen Landeskirchen und in verschiedenen kirchlichen Zusammenschlüssen

Kirchenmusikdirektor, Titel eines in der Kirchenmusik tätigen kirchlichen Mitarbeiters

Kirchenpfleger, Beauftragter für die Verwaltung des Pfarrvermögens

Kirchenprovinz, ev.: Bezeichnung der Kirchen in den ehemaligen älteren preußischen Provinzen, heute nur noch Namensteil der Ev. Kirche der Kirchenprovinz Sachsen; kath.: Zusammenfassung mehrerer Bistümer zu einem Erzbistum

Kirchenrat, ev., Titel eines den Oberkirchenräten nachgeordneten leitenden Mitarbeiters in der kirchlichen Verwaltung

Kirchenschulrat, landeskirchlicher Beauftragter für den Religionsunterricht

Kirchensteuer, Recht der Kirchen, soweit sie Körperschaft des öffentlichen Rechts sind, Steuern von ihren Mitgliedern zu erheben

Kirchentag, ‣ **Evangelischer Kirchentag**

Kirchenväter, ‣ **Apostolische Väter**

Kirchenverordnete, gewählte Mitglieder eines ‣ **Kirchenvorstandes**, ‣ **Kirchengemeinderates**

Kirchenvisitation, ‣ **Visitation**

Kirchenvorstand, ev., gewähltes Leitungsgremium einer Kirchengemeinde. Mitglieder sind die Kirchenvorsteher oder Kirchenverordnete und der Pfarrer. ‣ **Kirchengemeinderat**

Kirchenzucht, innerkirchliche Maßnahmen zum Schutz der kirchlichen Ordnung (z. B. Verweigerung von ‣ **Kasualien**)

Kirchgeld, Abgabe an die Ortsgemeinde, zumeist nur von denen erbeten, die keine Kirchensteuer zahlen

Kirchliche Hochschule, kircheneigene Hochschulen zur wissenschaftlichen Ausbildung von Pfarrern und Religionslehrern (z. T. auch Laien) in kirchlichen und weltlichen Disziplinen

Kirchliches Verwaltungsamt, ev., für die Verwaltung von (oft mehreren) Kirchengemeinden zuständiges Amt

Kirchmeister, in einzelnen ev. Landeskirchen das insbesondere für die Finanzen und Bauten der Kirchengemeinde zuständige Mitglied des ‣ **Presbyteriums** oder ‣ **Gemeindekirchenrates**

Kirchspiel, auch Pfarrsprengel, ältere Bezeichnung für Pfarrbezirk oder auch für eine Kirchengemeinde mit einzelnen zusammengehörenden Gemeinden

Klerus, Gesamtheit der Kleriker, der katholischen Geistlichen

Kloster, von außen abgeschirmte Lebenswelt einer Ordensgemeinschaft

KNA, Abk. für Katholische Nachrichtenagentur

Kollar, schmaler weißer oder farbiger Kragenstreifen bei Geistlichen

Kolleg, kirchliche Schule, Hochschule oder Fortbildungseinrichtung

Kolpingwerk, ursprünglich eine Bildungs- und Aktionsgemeinschaft kath. Handwerker. Heute widmet es sich im breiten Rahmen der kath. Familienarbeit

Kommunion, Genuss von Brot und Wein beim Abendmahl, der ‣ **Eucharistie**

Kommunität, ordensähnliche protestantische Gemeinschaft mit einer geistlichen Lebensordnung

Konfession, Bezeichnung für die unterschiedlichen christlichen Kirchen und Bekenntnisgemeinschaften. Die drei großen Konfessionen sind die orthodoxen, die katholischen und die evangelischen Kirchen

Konfirmandenunterricht (Abk. KU), ev., der einer Konfirmation vorangehende kirchliche Unterricht

Konfirmation („Befestigung"), ev., nach kirchlichem Unterricht in einem Gottesdienst mit Segnung, Erneuerung des Taufversprechens, Abendmahlszulassung, Erlangung der kirchlichen Rechte, vor allem des Patenamtes, zumeist im Alter von etwa 14 Jahren

Kongregation, kath., ordensgleiche oder ordensähnliche Gemeinschaft. ‣ **Orden und Kongregationen**

Kongregationalismus, Hauptmerkmal des K. ist die verfassungsgemäße Selbstständigkeit einzelner reformatorischer Gemeinden, vor allem im angelsächsischen Bereich

Konklave, abgeschlossener Ort der Papstwahl, auch Bezeichnung für den Wahlvorgang selbst

Konkordat, Vertrag des Vatikans mit einem Staat

Konkordanz, Bibelkonkordanz, alphabethisches Verzeichnis biblischer (Stich-)Wörter

Konsekration, kath., bes. Form der Weihe, z. B. eines Bischofs, auch die Wandlung von Brot und Wein in Leib und Blut Christi bei der ‣ **Eucharistie**

Konsistorium, ev.: obere kirchliche Verwaltungsbehörde in den Landeskirchen der ehemaligen älteren preußischen Kirchenprovinzen; kath.: Versammlung der Kardinäle unter Vorsitz des Papstes. Vereinzelt auch bischöfliches Kirchengericht

KONSISTORIALRAT, ev., Mitglied des Kollegiums eines Konsistoriums

KONVENT, Zusammenkunft der ev. Pfarrer oder anderer kirchlicher Mitarbeitergruppen in einem bestimmtem Bereich

KONVERGENZERKLÄRUNG, die Konvergenzerklärung von Lima 1982 „Taufe, Eucharistie, Amt" zieht eine vorläufige Bilanz der Kirchen auf dem Weg zur Einheit der Christenheit

KONZIL, Versammlung der (katholischen) Bischöfe. ‣ **Vatikanum**, ‣ **Ökumenische Konzile**

KOPTISCHE ORTHODOXE KIRCHE, ‣ **Orthodoxe Nationalkirchen**

KSG, Abk. für Kath. Studentinnen- und Studenten-Gemeinde, besondere Gemeinden an den Universitäten, Hoch- und Fachschulen

KREISDEKAN, auch Regionalbischof genannt, in Bayern Leiter eines Kirchenkreises, dem Zusammenschluss mehrerer Dekanate, zugleich Mitglied im Landeskirchenrat. ‣ **Generalsuperintendent**, ‣ **Landessuperintendent**, ‣ **Prälat**, ‣ **Propst**

KREISKIRCHENRAT, Leitungsgremium eines ev. ‣ **Kirchenkreises**

KREISPFARRER, ev., Leiter eines Kirchenkreises. ‣ **Dekan**, ‣ **Superintendent**

KREISSCHULPFARRER, der für den Religionsunterricht in einem Kirchenkreis zuständige kirchliche Mitarbeiter. ‣ **Schuldekan**

KREISSYNODE, ‣ **Synode eines ev.** ‣ **Kirchenkreises**

Kreuzbund, kath. Selbsthilfe- und Helfergemeinschaft für Alkohol- und Medikamentenabhängige und deren Angehörige

Kurator, mit der Verwaltung einer Pfarrstelle beauftragter kath. Geistlicher

Kurie, zusammenfassende Bezeichnung für die Leitungsgremien der römisch-katholischen Kirche am päpstlichen Stuhl in Rom

Kurienkardinal, ein in der Kurie hauptamtlich tätiger Kardinal

Küster, vor allem in Norddeutschland übliche Bezeichnung für ‣ **Kirchendiener**

‣ L

Laie, ev.: Nichttheologe; kath.: Angehöriger des Kirchenvolkes (des Volkes Gottes) im Gegensatz zum ‣ **Klerus**

Laizismus, weltanschauliche Richtung, die die radikale Trennung von Staat und Kirche fordert

Landesbischof, Bischof einer ev. Landeskirche. ‣ **Bischof**, ‣ **Präses**, ‣ **Kirchenpräsident**

Landeskantor, ein für die Kirchenmusik zuständiger Kantor in einer Landeskirche oder in einem Teilbereich einer Landeskirche

Landeskirche, Bezeichnung für eine Gliedkirche der ‣ **EKD**

Landeskirchenamt, Verwaltungsbehörde einer Landeskirche

Landeskirchenschulrat, landeskirchlicher pädagogischer Sachgebietsleiter für den Religionsunterricht

Landeskirchenrat (Abk. LKR), Leitungsgremium einer Landeskirche, bestehend aus den von der Landessynode gewählten und geborenen Mitgliedern, auch Titel eines Mitglieds in einem LKR

Landeskirchliche Gemeinschaften, dem ‣ **Pietismus** verpflichtete Gruppierungen ev. Gemeindeglieder in einer Kirchengemeinde oder in einer Landeskirche mit eigenen Veranstaltungen. ‣ **Evangelische Kirche, Die landeskirchlichen Gemeinschaften**

Landespfarrer, ev., landeskirchliche Leiter verschiedener Arbeitszweige (z. B. für den Religionsunterricht, die Jugendarbeit, die Polizeiseelsorge u.a.)

Landessynode, höchstes Leitungsgremium einer Landeskirche, bestehend aus gewählten und geborenen Mitgliedern

Lateinische Kirche, Kirche des lateinisch sprechenden Weströmischen Reiches

Lebensordnung, Ordnung einer Kirche, vor allem im Blick auf die ‣ **Kasualien**

Legat des Apostolischen Stuhles, diplomatischer Beauftragter des Apostolischen Stuhles bei Regierungen und internationalen Organisationen

Lehrvikar, ein in der kirchlichen Ausbildung stehender Theologe zwischen dem ersten und zweiten Examen

Lektor, 1. Helfer bei den gottesdienstlichen Lesungen, 2. in einigen ev. Landeskirchen freiwilliger kirchlicher Mitarbeiter, der zum Halten von Gottesdiensten unter Verwendung fertiger Vorlagen berechtigt ist

Leuenberger Konkordie, Konkordie reformatorischer Kirchen in Europa (auf dem Leuenberg, einer Schweizer Tagungsstätte, 1973 verabschiedet), erklärt die Kirchengemeinschaft zwischen fast allen lutherischen, reformierten und unierten Kirchen in Europa, zudem mit den ‣ **Waldensern** und ‣ **Böhmischen Brüdern**

Liebenzeller Mission, ‣ **landeskirchliche Gemeinschaften**, vor allem in Württemberg und Baden, zusammengeschlossen im Liebenzeller Gemeinschaftsverband, der auch Träger einer Missionsgesellschaft ist

Liturgie, Gottesdienstordnung

Liturgische Bewegung, Besinnung auf liturgische Traditionen

Losungen, ‣ **Herrnhuter Losungen**

‣ M

Malteser-Orden, aus der Tradition des mittelalterlichen Johanniterordens hervorgegangene kath. Ordensgemeinschaft mit sozialen Aufgaben (z. B. Trägerschaften von Krankenhäusern, Altenheimen, Unfallhilfe). ‣ **Johanniterorden**

Märtyrer, christlicher Blutzeuge

Mennoniten, Gemeinschaft der Mennoniten, älteste reformatorische ‣ **Freikirche**, aus der Täuferbewegung des 16. Jahrhunderts entstanden. Die Arbeitsgemeinschaft Mennonitischer Gemeinden in Deutschland mit rd. 20.000 Mitgliedern (weltweit rd. 860.000) ist Mitglied in der ‣ **ACK** und in der ‣ **Evangelischen Allianz**

Menschensohn, messianische Gestalt im Judentum, Selbstbezeichnung Jesu

Messe, kath. Gottesdienst mit der Feier der ‣ **Eucharistie**

Messias, hebräisch der Gesalbte, griechisch Christus, der zur Zeit Jesu erwartete Erlöser, Bezeichnung für Jesus

Messner, ‣ **Kirchendiener,** vor allem in der kath. Kirche, aber auch in einzelnen Gegenden in der ev. Kirche gebräuchlich. ‣ **Küster**, ‣ **Sakristan**, ‣ **Sigrist**

Methodismus, protestantische, dem ‣ **Pietismus** verpflichtete, aus England kommende Frömmigkeitsbewegung, begründet durch die Gebrüder Wesley im 18. Jahrhundert

Methodisten, die aus dem ‣ **Methodismus** entstandenen reformatorischen ‣ **Freikirchen**. In Deutschland ist die Evangelisch-methodistische Kirche mit rd. 95.000 Mitgliedern (weltweit rd. 70 Mill.), geleitet vom Bischof und der Jährlichen Konferenz, Mitglied in der ‣ **ACK** und ‣ **Evangelischen Allianz**

Metropolit, kath.: Erzbischof; orth.: Oberhirte eines Bistums oder mehrerer Bistümer, auch bischöflicher Ehrentitel

Militärbischof, der für die Seelsorge in der Bundeswehr zuständige Bischof. ‣ **EKD, Militärseelsorge**

Militärdekan, Leiter der Militärseelsorge in einem Wehrbereich oder einer Abteilung des Ev. Kirchenamtes für die Bundeswehr. ‣ **EKD, Militärseelsorge**

Militärgeneraldekan, Leiter des Ev. Kirchenamtes für die Bundeswehr. ‣ **EKD, Militärseelsorge**

Ministrant, (meist jugendlicher) Messdiener, gottesdienstlicher Gehilfe des Pfarrers

Mission, Verkündigung des christlichen Glaubens unter Nichtchristen, insbesondere durch die Kirchen und kirchlichen Missionsgesellschaften

Misereor, katholisches weltweites Hilfswerk gegen Hunger und Krankheit zur Förderung unterentwickelter Länder

Missio (canonica), kath., kirchliche Beauftragung für die Wortverkündigung, vor allem im Religionsunterricht (ev.: ‣ **Vocatio**)

Missionar, ein in der christlichen Mission tätiger Geistlicher oder Laie. Auch Berufsbezeichnung der in den ev. Missionsgesellschaften ausgebildeten Mitarbeiter in der Mission oder in der Gemeindearbeit

Moderamen, gewähltes Leitungsgremium einer reformierten Synode

Moderator, Vorsitzender eines Moderamens, auf der Ebene der Landeskirche mit bischöflichen Funktionen

Monsignore (Abk. Msgr.), Titel eines „Kaplans Seiner Heiligkeit“ (des Papstes), Mitglied der ‣ **päpstlichen Familie**, Ehrentitel für kath. Geistliche in besonderen Positionen

Monstranz, kath., Schaugefäß für die konsekrierte Hostie, das geweihte Brot der ‣ **Eucharistie**

Mormonen, Kirche Jesu Christi der Heiligen der letzten Tage, den ‣ **Sekten** zugerechnet, eine stark nordamerikanisch geprägte Gemeinschaft (die Rettung kommt aus Nordamerika). Das Buch Mormon (Verfasser Joseph Smith) ist neben der Bibel Offenbarungsquelle. Weltweit rd. 8,5 Mill. Mitglieder und Anhänger

Mun-Bewegung, ‣ **Vereinigungskirche**

‣ N

Nestorianer, ‣ **Östliche Kirchen**

Neuapostolische Kirche, den ‣ **Sekten** zugerechnete Gemeinschaft mit hierarchischer Leitungsstruktur. Erwartung der baldigen Wiederkunft Christi. Weltweit rd. 10 Mill. Mitglieder, davon in Deutschland 400.000

New Age, u.a. aus der Theosophie hervorgegangene ‣ **esoterische Bewegung** und Lehre in einer Mischung von fernöstlicher Religiosität, westlichem Okkultismus, modernen naturwissenschaftlichen Theorien und humanistischer Psychologie. ‣ **New-Age-Bewegung**

Nizänum, genauer: Nizäno-Konstantinopolitanum, grundlegendes altkirchliches ökumenisches Glaubensbekenntnis für die orthodoxen, katholischen und evangelischen Kirchen, formuliert auf dem Ökumenischen Konzil in Konstantinopel im Jahr 381 auf der Grundlage des auf dem Konzil in Nizäa im Jahr 325 verabschiedeten Glaubensbekenntnisses

Nottaufe, kirchlich anerkannte Taufe durch Laien in einer Notsituation

Novize, Mitglied zur Probe in einem Kloster vor Ablegung der Mönchsgelübde

Nuntius, päpstlicher Gesandter, beauftragt mit der diplomatischen Vertretung des Apostolischen Stuhles bei fremden Regierungen, zumeist auch Doyen (Sprecher) des Diplomatischen Korps in einem Lande

▸ O

Oberin, ev.: Vorsteherin eines ▸ **Diakonissenmutterhauses** oder einer ▸ **Diakonieschwesternschaft**; kath.: Vorsteherin eines Nonnenklosters oder eines von Ordensschwestern geleiteten Hauses

Oberpfarrer, andere Bezeichnung für ▸ **Dekan**, ▸ **Superintendent**, früher auch erster Pfarrer an einer Kirche

Oberkirchenrat, ev., leitender Mitarbeiter in der kirchlichen Verwaltung, Mitglied des Kollegiums eines Oberkirchenrates, z. T auch einer Kirchenleitung. Leitungsgremium und Verwaltungsbehörde einer evangelischen Landeskirche

Oberkonsistorialrat, leitender Mitarbeiter in der kirchlichen Verwaltung, Mitglied des Kollegiums eines ▸ **Konsistoriums**

Offizial, kath., Leiter eines ▸ **Offizialates**

Offizialat, kath., bischöfliche Gerichtsbehörde

Okkultismus, Sammelbegriff für außersinnliche Erfahrungen und Praktiken

Ökumene, Weltchristenheit

Ökumenisch, 1. Die Weltchristenheit betreffend (‣ **Ökumenischer Rat der Kirchen**). 2. Die römisch-katholische Weltchristenheit betreffend (‣ **Ökumenisches Konzil**). 3. In Deutschland vor allem Bezeichnung für gemeinsame Aktivitäten der ev. und kath. Kirchen

Ökumenisches Konzil, 1. Zusammenkunft der Bischöfe in der alten Kirche (3. und 4. Jahrhundert) mit grundlegenden Lehrentscheidungen für den christlichen Glauben. 2. Bischofskonferenz der röm.-kath. Weltchristenheit (z. B. ‣ **Vatikanisches Konzil**)

Ökumenische Trauung, Trauung unter Beteiligung der ev. und kath. Kirche

Ökumenischer Rat der Kirchen (Abk. ÖRK), ‣ **Weltkirchenrat** mit Sitz in Genf, weltweite Gemeinschaft der meisten orthodoxen und reformatorischen Kirchen. (Die römisch-katholische Kirche hat nur einen Beobachterstatus beim ÖRK.) ‣ **Kirchliche Zusammenschlüsse**

Orden, kath.: (zumeist) klösterliche Gemeinschaft, die nach besonderen Ordensregeln mit den Gelübden der Armut, des Gehorsames und der Keuschheit lebt. ‣ **Katholische Kirche**, **Ordensgemeinschaften**; ev.: geistliche Gemeinschaft von Menschen mit besonderen Regeln des Zusammenlebens, ‣ **Kommunitäten**

Ordination, ev.: Berufung in ein Pfarramt mit Verleihung der Rechte der Ordination (Wahrnehmung des Predigtamtes, Verwaltung der Sakramente) auf Lebenszeit unter Handauflegung und Gebet; kath.: Spendung des Weihesakraments in den drei Weihestufen (Diakons-, Priester- und Bischofsweihe) unter Handauflegung und Gebet bei Wahrung der ‣ **apostolischen Sukzession**

Ordinariat, kath., Bistumsverwaltung, im Auftrag des Bischofs vom ‣ **Generalvikar** geleitet

Ordinariatsrat, leitender Mitarbeiter in einer kath. Bistumsverwaltung

Orientalische Nationalkirchen der ‣ **Nestorianer** und ‣ **Monophy-**

siten, Abspaltungen von der byzantinischen Kirche im 4. und 5. Jahrhundert. ‣ **Orthodoxe Kirchen, Orientalische Nationalkirchen**

ORNAT, gottesdienstliche Amtstracht

ORTHODOX, griechisch: die richtige Anbetung. ‣ **Orthodoxe Kirchen**

ORTHODOXE KIRCHEN, östlicher Zweig der Weltchristenheit

ORTSKIRCHEN, kath., anderer Begriff für Diözesen (Erzbistümer und Bistümer)

ORTSKIRCHENSTEUER, von den Kirchengemeinden zur eigenen Verwendung erhobene Abgaben ihrer Mitglieder

OSTKIRCHEN, zusammenfassende Bezeichnung der ‣ **Orthodoxen Kirchen**, der ‣ **Orientalischen Nationalkirchen** und der ‣ **mit Rom unierten Kirchen des Ostens**

‣ P

PAPST, Oberhaupt der röm.-kath. Kirche, u. a. Bischof von Rom, Patriarch des Abendlandes, Stellvertreter Christi. Anrede: Heiliger Vater

PÄPSTLICHE FAMILIE, zur päpstlichen Familie zählen die Kardinäle (Anrede: Eminenz), die Apostolischen Protonotare (Anrede: Prälat), die päpstlichen Ehrenprälaten (Anrede: Prälat) und die Kapläne Seiner Heiligkeit (Anrede: Monsignore)

PÄPSTLICHER PRIMAT, Vorrang des Papstes in der kirchlichen Hierarchie als Nachfolger des Apostels Petrus

PARAMENT, Altar- und Kanzeltuch. ‣ **Antependium**

PAROCHIE, Pfarrbezirk, Amtsbezirk eines Pfarramtes, oft mit mehreren (Kirchen-) Gemeinden

Pastor, (lat. Hirte) 1. Vor allem in Norddeutschland Amtsbezeichnung und Anrede eines ev. u. kath. Pfarrers. 2. In einigen ev. Landeskirchen Amtsbezeichnung eines auf dem 2. Bildungsweg ausgebildeten Pfarrers oder Pastors, der nicht Inhaber, sondern nur Verwalter einer Pfarrstelle ist. 3. In den Freikirchen auch Amtsbezeichnung von Mitarbeitern im Verkündigungsdienst. ‣ **Prediger**

Pastoralassistent, Berufsbezeichnung für theologische Mitarbeiter mit Hochschulabschluss in der kath. Kirche, die keine Priester sind

Pastoralkolleg, Fortbildungsstätte für ev. Pfarrer

Pastor loci, lat. Ortspfarrer, Gemeindepfarrer

Pastorat, vor allem in Norddeutschland für Pfarramt, Wohnung des Pfarrers

Pate, Taufzeuge mit dem Versprechen, gemeinsam mit den Eltern das Kind im christlichen Glauben und Leben zu fördern

Pater, Titel und Anrede kath. Ordensgeistlicher

Patriarch, 1. In der ‣ **Alten Kirche** Titel der Bischöfe von Alexandria, Antiochia, Konstantinopel, Jerusalem und Rom. 2. In den orthodoxen Kirchen höchster Bischof der Nationalkirchen, u.a. von Bulgarien, Russland, Rumänien und Serbien. Ökumenischer Patriarch: Titel des Patriarchen von Konstantinopel, des (Ehren-) Oberhauptes der orthodoxen Kirchen. 3. Patriarch des Abendlandes: Papsttitel

Patron, Schutzheiliger, auch Stifter, Erbauer oder Schutzherr einer Kirche. ‣ **Patronat**

Patronat, noch vereinzeltes, historisch bedingtes Recht der Mitwirkung eines Patrons bei der Besetzung von Pfarrstellen, auch Träger von Baulasten

Perikope, Bibelabschnitt, bes. der für einen Sonntag vorgesehene Predigttext

Pfarrer, (rechtl. geschützte) Amtsbezeichnung für die ev. und kath. Geistlichen, Inhaber einer Pfarrstelle. Anrede auch für den Verwalter eines Pfarramtes

Pfarrer im Ehrenamt (Pfarrer i.E.), ehrenamtlich tätige Theologen, die als Pfarrer im Ehrenamt nicht Inhaber einer Pfarrstelle sind. Ordinierte Pfarrer im Ehrenamt können in einzelnen ev. Landeskirchen eine Pfarrstelle verwalten.

Pfarrer im Entsendungsdienst, Hilfspfarrer ohne eigene Pfarrstelle

Pfarrer z. A., Pfarrer zur Anstellung, Hilfspfarrer ohne eigene Pfarrstelle

Pfarrgemeinde, Ortsgemeinde

Pfarrgemeinderat, gewähltes Leitungsorgan in einer Pfarrgemeinde

Pfarrkolleg, Fortbildungseinrichtung für Pfarrer

Pfarrkonvent, dienstliche Zusammenkunft der Pfarrer

Pfarrsprengel, Bereich eines Pfarramtes oder Pfarrbezirkes

Pfarrkurator, kath., Verwalter einer unbesetzten Pfarrstelle

Pfarrverweser, Verwalter einer unbesetzten Pfarrstelle

Pfarrvikar, Hilfspfarrer ohne eigene Pfarrstelle. ‣ **Pfarrer z. A.**, ‣ **Pfarrer im Entsendungsdienst**

Pfingstbewegung, zusammenfassende Bezeichnung weltweit vertretener reformatorischer Kirchen und Gemeinschaften, die besonders die (spontanen) Wirkungen des Heiligen Geistes und eine persönliche Frömmigkeit betonen

Pfingstkirchen, ‣ **Pfingstbewegung**, ‣ **reformatorische Freikirchen**

Pietismus, bis heute wirkende reformatorische Frömmigkeitsbewegung vor allem des 17. u.19. Jahrhunderts unter Betonung einer persönlichen Frömmigkeit (zumeist verbunden mit einer Wiedergeburt durch eine Bekehrung), oft unter Bildung von pietistischen Gemeinschaften oder Gruppen innerhalb oder außerhalb bestehender Kirchen. ‣ **Erweckungsbewegung**

PILGERMISSION CHRISCHONA, ‣ **Chrischona-Gemeinschaft**

PONTIFEX MAXIMUS (lat. größter Brückenbauer), im alten Rom Ehrentitel des Kaisers, jetzt Ehrentitel des Papstes

POPE, abwertende Bezeichnung für einen orthodoxen Geistlichen („Pfaffe")

PRÄDIKANT, (lat.) Prediger, in der ev. Kirche auch ein zum selbstständigen Abhalten von Gottesdiensten berechtigter Mitarbeiter. ‣ **Lektor**

PRÄLAT, 1. In den ev. Landeskirchen von Baden und Württemberg geistlicher Amtsträger mit bischöflichen Funktionen, in der Ev. Kirche von Kurhessen und Waldeck Leiter des Personalreferates im Landeskirchenamt und in der ‣ **EKD** Amtstitel des Bevollmächtigten des Rates der EKD bei der Bundesregierung und der Europäischen Union. 2. In der kath. Kirche Mitglieder der ‣ **päpstlichen Familie**, Inhaber hoher kirchlicher Ämter (vor allem in der ‣ **Kurie**), auch vom Papst verliehener Ehrentitel

PRÄSES, 1. In der ev. Kirche gewählter Vorsitzender einer Synode, in der Ev. Kirche im Rheinland und in der Ev. Kirche von Westfalen mit kirchenleitenden, bischöflichen Funktionen. 2. Leiter eines kath. Vereins (etwa im ‣ **Kolpingwerk**)

PREDIGER, 1. Prediger in einem Gottesdienst. 2. In einigen ev. Landeskirchen Amtsbezeichnung eines auf dem 2. Bildungsweg ausgebildeten Pfarrers oder Pastors, der nicht Inhaber, sondern nur Verwalter einer Pfarrstelle ist. ‣ **Pastor**. 3. In den ev. (landeskirchlichen) Gemeinschaften und in den Freikirchen und Sekten auch Amtsbezeichnung von Mitarbeitern im Verkündigungsdienst und in der Gemeindeleitung. ‣ **Pastor**

PREDIGER IM HILFSDIENST, ‣ **Hilfsprediger**

PREDIGTHELFER, ordinierter Laienprediger in der Ev. Kirche im Rheinland. ‣ **Prädikant**

PREDIGERSEMINAR, Ausbildungsstätte für ev. Theologen zwischen dem 1. und 2. Examen unter Betonung der praktisch-theologischen Fächer (Predigt, Seelsorge, Unterricht)

PREGITZER-GEMEINSCHAFT, ‣ **Landeskirchliche Gemeinschaften**

PRESBYTER, Mitglied eines ‣ **Presbyteriums.** ‣ **Ältester**, ‣ **Kirchenvorsteher**

PRESBYTERIANISCHE KIRCHEN, vor allem Bezeichnung für die reformatorischen Kirchen im angelsächsischen Bereich. Die Leitung der Gemeinden und Kirchen erfolgt kollegial in verschiedenen gewählten synodalen Gremien.

PRESBYTERIUM, von den Gemeindegliedern gewähltes Leitungsorgan einer Kirchengemeinde. ‣ **Kirchengemeinderat**, ‣ **Gemeindekirchenrat**, ‣ **Kirchenvorstand**

PRIESTER, kath. Geistlicher, der die ‣ **Priesterweihe** empfangen hat. In der ‣ **Alt-Katholischen Kirche** auch geweihte Priesterinnen

PRIESTERRAT, Beratungsorgan eines Bistums für alle Fragen des priesterlichen Lebens und Dienstes

PRIESTERSEMINAR, kirchliche Ausbildungsstätte der katholischen Pfarrer

PRIESTERWEIHE, die zweite der drei Weihestufen für den Klerus (Diakon, Priester, Bischof) mit Handauflegung und Gebet unter Berücksichtigung der ‣ **apostolischen Sukzession**. ‣ **Weihe**

PRIMAS, orth., Ehrentitel eines zwischen den Patriarchen und Metropoliten stehenden Metropoliten (Erzbischofs) mit besonderen Rechten. Kath. Primas von Deutschland ist der Erzbischof von Salzburg.

PRIMAT, ‣ **päpstlicher Primat**

Prior, Vorsteher eines Mönchsklosters, das keine Abtei ist, sonst Stellvertreter des Abtes, auch Priorin, Stellvertreterin der Äbtissin

Pro Christus, evangelistische Aktion auf der Basis der Evangelischen ‣ **Allianz**

Prodekan, nimmt in einem Teilbereich eines ev. Dekanates einzelne Aufgaben des Dekans wahr

Prodekanat, Untergliederung eines größeren ev. Dekanates oder Stadtdekanates

Prophet, Profet, im Alten Testament Vermittler der göttlichen Offenbarungen, im Neuen Testament Deuter der göttlichen Offenbarungen in Jesus Christus

Prophetie, 1. zeitkritische Verkündigung der Propheten des Alten Testamentes mit Hinweisen auf die Zukunft. 2. Predigtform in der Tradition der alttestamentarischen Propheten in der ‣ **Urgemeinde**

Propst, 1. ev.: höherer Geistlicher in verschiedenen Funktionen, so in Mecklenburg „Oberpfarrer", in Nordelbien und Hannover ‣ **Superintendent**, in Hessen-Nassau, Kurhessen-Waldeck und in der Kirchenprovinz Sachsen ‣ **Generalsuperintendent** (‣ **Landessuperintendent**, ‣ **Prälat**). In Berlin-Brandenburg und Pommern leitender theologischer Mitarbeiter im Konsistorium, Amtstitel des deutschen ev. Pfarrers in Jerusalem, Ehrentitel für Inhaber besonders hervorgehobener Pfarrstellen (z. B. Propst Grüber als Pfarrer an St. Marien zu Berlin). 2. kath.: Würdenträger eines ‣ **Domkapitels** (Stiftspropst), Ehrentitel für den Inhaber einer besonders hervorgehobenen Pfarrstelle. 3. In der orthodoxen Kirche Rangstufe zwischen Priester und Bischof

protestantisch, andere Bezeichnung für evangelisch, reformatorisch, zurückgehend auf die auf dem Reichstag zu Speyer 1529 übergebene Protestation der ev. Stände und Reichsstädte gegen die Religionspolitik des Kaisers. Als Selbstbezeichnung wird evangelisch (und reformatorisch) bevorzugt

Protestanten, Angehörige der evangelischen, reformatorischen Kirchen. ‣ **protestantisch**

PROVINZIALSYNODE, Synode der Ev. Kirche der Kirchenprovinz Sachsen und der Kirche der schlesischen Oberlausitz. ‣ **Landessynode**

PURITANISMUS, reformatorische Bewegung in England im 17. Jahrhundert mit Einfluss auf die ‣ **Erweckungsbewegungen** und die ‣ **presbyterianischen Kirchen**

‣ Q

QUÄKER, auch Religiöse Gemeinschaft der Freunde, reformatorische, von England im 17. Jahrhundert ausgehende dogmenfreie Gemeinschaft mit großem sozialen Engagement. ‣ **Freikirchen**

‣ R

RATSVORSITZENDER, Vorsitzender des Rates der ‣ **Evangelischen Kirche in Deutschland**

RECHNUNGSAMT, ein vor allem die Finanzen einzelner evangelischer Gemeinden verwaltendes kirchliches Amt

RECTOR, anglikanischer Ehrentitel eines Pfarrers (vicar) an einer bedeutenden Kirche, primus inter pares (Erster unter Gleichen)

REFORMATION, von Luther, Zwingli und Calvin ausgehende kirchliche Erneuerungsbewegung im 16. Jahrhundert

REFORMATORISCH, andere Bezeichnung für ‣ **evangelisch**, ‣ **protestantisch**. Auch Bezeichnung für die aus der Reformation hervorgegangenen Kirchen, kirchlichen Gemeinschaften und Bewegungen mit deren späteren Abzweigungen

REFORMIERTE KIRCHEN, die vor allem aus dem Wirken von Zwingli und

Calvin hervorgegangenen Kirchen mit ‣ **presbyterianischer** und ‣ **synodaler Gemeinde- und Kirchenleitung.** ‣ **Evangelische Kirchen**

REFORMIERTER WELTBUND, weltweiter Zusammenschluss von 193 reformierten Kirchen mit rd. 70 Mill. Mitgliedern in 99 Ländern. ‣ **Die ökumenische Bewegung**

REGENS, kath., Leiter eines Priesterseminars

REGIONALBISCHOF, andere Bezeichnung für den Kreisdekan in der Ev.-Luth. Kirche in Bayern

REGIONALDEKAN, in der kath. Kirche zuständig für Seelsorge- und Bildungsaufgaben in mehreren Dekanaten

REICHSBISCHOF, Titel des (nur bedingt anerkannten) obersten Bischofs in der Deutschen Evangelischen Kirche zur Zeit des Dritten Reiches, eingesetzt von den ‣ **Deutschen Christen**

REINKARNATION, (Seelenwanderung) Lehre von der Wiedergeburt des unsterblichen Teiles des Menschen (des Ichs) in der Gestalt eines später geborenen Menschens oder eines anderen Wesens unter Beibehaltung der Individualität

REKTOR, kath., Titel eines Geistlichen mit besonderem Auftrag ohne Pfarramt

RENDANT, Leiter eines ‣ **Rentamtes**

RENTAMT, ein vor allem die Finanzen einzelner evangelischer Gemeinden verwaltendes kirchliches Amt. ‣ **Rendant**

RESIDENZPFLICHT, Pflicht der Wohnsitznahme eines Pfarrers in seiner Gemeinde (zumeist im Pfarrhaus)

REVEREND, Titel und Anrede englischer Geistlicher

Römisch-katholische Kirche, die sich aus der Kirche des weströmischen Reiches nach der Trennung von den ‣ **Ostkirchen** im Jahr 1054 selbstständig entwickelnde abendländische katholische Kirche mit weltweiter Verbreitung unter dem Papst als Oberhaupt mit rd. 900 Mill. Mitgliedern. Dazu kommen rd. 12 Mill. Mitglieder in den mit Rom ‣ **unierten Kirchen**. ‣ **katholisch**, ‣ **katholische Kirchen**

Rosenkranz, kath. Gebet anhand einer Schnur mit 59 Perlen für eine festgelegte Reihenfolge von Vaterunser, Ave Maria, Gloria Patri und einer Betrachtung des Lebens Jesu

Rosenkreuzer, verschiedene Gemeinschaften mit christlichen und außerchristlichen Geheimlehren mit okkulter, esoterischer und lebensreformerischer Ausrichtung und mit mystischen Weihen

Russisch-Ortodoxe Kirche, russischer Zweig der ‣ **Orthodoxen Kirchen**

‣ S

Sakrament, von Jesus Christus eingesetzte sichtbare Zeichen, die auf ein unsichtbares Geschehen weisen. Die beiden Sakramente der evangelischen Kirche sind Taufe und Abendmahl. Die katholische Kirche hat sieben Sakramente: Taufe, Eucharistie (Abendmahl), Beichte, Firmung, Ehe, Priesterweihe, Krankensalbung

Sakristan, kath., ‣ **Kirchendiener**, ‣ **Messner**

Sakristei, Nebenraum der Kirche für die Geistlichen und zur Aufbewahrung der für den Gottesdienst benötigten Gegenstände

St. Georgs-Pfadfinder, kath. Zweig der Pfadfinder

Satanismus, Teufelsanbetung, auch in sektenähnlichen Gruppen, vor allem von Jugendlichen

Schisma, Kirchenspaltung, vor allem die Trennung von römischer Ost- und Westkirche im Jahr 1054, aber auch die Kirchenspaltung infolge der reformatorischen Bewegung im 16. Jahrhundert

Schuldekan, der für den Religionsunterricht in einem Dekanat zuständige kirchliche Mitarbeiter, auch ‣ **Kreisschulpfarrer,** Schulreferent, Schulbeauftragter, Bezirksbeauftragter für den RU

Schulpfarrer, ein im Religionsunterricht tätiger kirchlicher Pfarrer

Scientology, zu den Psycho- und Politgruppen zählende, im Kern nicht religiös ausgerichtete Sekte mit großen, oft geheim gehaltenen wirtschaftlichen Aktivitäten. ‣ **Sekten und religiöse Sondergemeinschaften**

Selbständige Evangelisch-Lutherische Kirche (SELK), ‣ **Alt-Lutherische-Kirche**

Sekte, christliche Gemeinschaft, die sich von den Hauptströmungen der Christenheit abgesondert hat. Kennzeichen: Anspruch auf alleinigen Besitz der Glaubenswahrheiten, Sonderoffenbarungen der Sektengründer, bedingungslose Unterwerfung der Mitglieder unter die Leitung. ‣ **Sekten und religiöse Sondergemeinschaften**

Senior, Leiter eines reformierten Kirchenkreises. ‣ **Superintendent**, ‣ **Dekan**

Siebenten-Tags-Adventisten, ‣ **Adventisten**

Sigrist, ‣ **Kirchendiene**r, ‣ **Messner**

Spiritual, Seelsorger in einem Priesterseminar oder Kloster

Sprengel, kirchlicher Teilbezirk, Dienstbezirk u.a. eines Pfarrers, Dekans, Propstes, Generalsuperintendenten, Prälaten oder Bischofs

Spiritismus, Lehre und Praxis der Beschwörung von Geistern, vor allem von Verstorbenen

Staatskirche, Bezeichnung für eine Kirche, die besonders eng mit dem Staat und dessen Verwaltung verbunden ist, etwa die Anglikanische Kirche in England und die lutherischen Kirchen in Skandinavien

Stadtdekan, Repräsentant und Sprecher mehrerer (Pro-)Dekanate in München und Nürnberg

Stadtmission, ev.: dem ‣ **Diakonischen Werk** zugeordnete Stellen zur geistlichen und diakonischen Betreuung von städtischen Gruppen, die durch die Pfarrämter nicht mehr erreicht werden; kath.: ‣ **Volksmission** auf Straßenebene

Stadtpfarrer, Ehrenbezeichnung für Pfarrer in einem historisch hervorgehobenen Stadtpfarramt

Stadtsuperintendent, Sprecher der Superintendenten und Vorsitzender eines Stadtkirchenverbandes in der Evangelischen Kirche im Rheinland

Stiftungsrat, in den kath. Pfarrgemeinden aus dem Pfarrgemeinderat gewähltes, vor allem für Finanz- und Baufragen zuständiges Gremium

Stola, liturgischer Stoffstreifen, oft mit Symbolen und in den Farben des Kirchenjahres gestaltet

Studentenmission in Deutschland (Abk. SMD), evangelikale Studentinnen- und Studentenarbeit

Synodaler, Mitglied einer ‣ **Synode**

Synode, ev.: gewähltes oberstes Leitungsgremium einer Landeskirche („Parlament“ der Landeskirche) oder eines Teilgebietes einer Landeskirche; kath.: Beratungsgremium in einem Bistum; orth.: Heiliger Synod, Kirchenbehörde, Heilige Synode: Kollegium von Bischöfen

Synkretismus, Vermischung verschiedener Religionen

Syrisch-Orthodoxe Kirche, ‣ **Orthodoxe Kirchen**

‣ T

Tabernakel, kunstvoll gefertigter Schrein zur Aufnahme der geweihten Hostien in katholischen Kirchen

Taizé, die evangelische Bruderschaft von Taizé, ein ökumenisch ausgerichteter mönchsähnlicher Orden, vor allem Anziehungspunkt für Jugendliche aus aller Welt, besonders auf dem in verschiedenen Städten stattfindenden Konzil der Jugend

Talar, knöchellanges Gewand, u.a. Amtstracht von Geistlichen

Täuferbewegung, ausgelöst in der Reformationszeit mit der Forderung nach Wiedertaufe und der Rückkehr zu einem urchristlichem Leben, auch mit starken sozialkritischen Akzenten. Gedanken des Täufertums wurden von den ‣ **Mennoniten** und ‣ **Baptisten** aufgenommen

Theologische Erklärung von Barmen, ‣ **Barmer Theologische Erklärung**

Titularbischof, Hilfsbischof ohne eigene Diözese, dem Titel nach Bischof zumeist eines kleinen untergegangenen Bistums

Thomaschristen, Syrisch-Orthodoxe Kirche des Ostens in Indien (Orthodoxe Kirche von Indien, Thomaschristen), die sich auf den Apostel Thomas zurückführt. ‣ **Orthodoxe Kirchen, Orientalische Nationalkirchen**

Transsubstantiation, Wesensverwandlung, kath. Lehre von der Verwandlung von Brot und Wein in das Blut und den Leib Christi bei der Messfeier

‣ U

Unfehlbarkeit des Papstes, gilt nur bei seltenen besonderen Lehrentscheidungen ‣ **ex cathedra**, z. B. bei der Verkündigung von Dogmen

UNIONSKIRCHEN, Zusammenschlüsse von Kirchen gleicher oder verschiedener Konfession. ‣ **Ev. Kirche der Union (EKU)**, ‣ **Unierte Kirchen des Ostens**

URGEMEINDE, Gemeinden der ersten Christenheit im ersten nachchristlichen Jahrhundert

‣ V

VATIKAN, nach dem Vatikanshügel in Rom benannter Sitz des Papstes und der Kurie. Vatikanstadt: souveräner Kirchenstaat

VATICANUM I, erstes Vatikanisches Konzil (1869-70) mit der Verkündigung des Primates, der Unfehlbarkeit und der obersten Gesetzgebungsgewalt des Papstes

VATICANUM II, zweites Vatikanisches Konzil (1962-68) mit wesentlichen kirchlichen Neuerungen (z. B. in der Messliturgie) und Impulsen für eine zeitgerechte Kirche

VEREINIGUNGSKIRCHE, Mun-Sekte, aus Südkorea kommende, vor allem in den USA und Japan tätige Sekte, in der christliches Gedankengut mit fernöstlicher Philosophie und Religiosität verbunden ist. Die rd. 200.000 Mitglieder bringen weitgehend ihren persönlichen Besitz und Verdienst in die Gemeinschaft ein. ‣ **Sekten und religiöse Sondergemeinschaften**

VERWALTUNGSRAT, kath., eine aus dem ‣ **Pfarrgemeinderat** gewähltes Gremium vor allem zur Finanz- und Bauverwaltung einer Pfarrgemeinde

VIKAR, Hilfsgeistlicher, in den ev. Kirchen in der Ausbildungszeit zwischen dem ersten und zweiten theologischen Examen, auch ‣ **Lehrvikar**

VISITATION, regelmäßige Besuche kirchenleitender Gremien in den Gemeinden und Dekanaten (Kirchenkreisen) zur Förderung des kirchlichen Lebens, oft verbunden mit einer Überprüfung und kritischen Bestandsaufnahme der Gemeindearbeit

Visitator, 1. Mitglied einer Visitationskommission, 2. Leiter eines Aufsichtsgebietes in der Ev.-Lutherischen Kirche in Thüringen

Vocatio, ev., Bezeichnung für die Erlaubnis zur Erteilung von Religionsunterricht (kath.: ‣ **Missio**)

Volkskirche, Bezeichnung für Kirchen, denen ein großer Teil der Bewohner eines Landes angehört

Volksmission, missionarische Veranstaltungen, insbesondere zur Erweckung eines persönlich verantworteten Glaubens in den ev. Kirchen und Freikirchen, oft in volksmissionarischen Großveranstaltungen und als Zeltmissionen. In der kath. Kirche auch Straßenmission

‣ W

Waldenser Kirche, Chiesa Evangelica Valdese, reformatorische ‣ **presbyterianische Kirche**, Reste der von Petrus Waldus im 12. Jahrhundert ausgehenden reformatorischen, als ketzerisch verfolgten Bewegung vor allem im Piemont und in Südfrankreich, heute vor allem in Italien mit rd. 30.000 Mitgliedern (und in Südamerika mit rd. 20.000 Mitgliedern)

Waldorfschulen, Schulen mit einer durch die ‣ **Anthroposophie** Rudolf Steiners geprägten Pädagogik

Weihbischof, kath. Hilfsbischof eines residierenden Bischofs

Weihe, kath., rituelle Handlung, durch die jemand oder etwas geheiligt oder in den Dienst Gottes gestellt wird. Die Weihegrade für den kath. Klerus: Diakon, Priester (Presbyter), Bischof

Weihrauch, Sinnbild des zu Gott aufsteigenden Gebetes

Weihwasser, geweihtes Wasser am Eingang der Kirchen zur Tauferinnerung

Weltkirchenrat, Weltrat der Kirchen (World Council of Churches), ‣ **Ökumenischer Rat der Kirchen**

Wiedertäufer, ‣ **Täuferbewegung**

‣ Y

YMCA, Abk. für Young Men's Christian Association, ‣ **CVJM**

‣ Z

Zentralkomitee der deutschen Katholiken (Abk. ZdK), von der Deutschen Bischofskonferenz gegründeter Zusammenschluss der kath. Laien, u. a. Träger des Katholikentages

Zeugen Jehovas, Ernste Bibelforscher, eine aus Amerika kommende autoritäre Sekte mit starker psychischer Abhängigkeit der Mitglieder in Erwartung der baldigen Wiederkunft Christi. ‣ **Sekten und religiöse Sondergemeinschaften**

Zisterzienser, ‣ **kath. Orden**

Zölibat, (der Zölibat) verpflichtende Ehelosigkeit der kath. Priester, Mönche und Nonnen, in der orthodoxen Kirche nur des höheren Klerus, der dem Mönchsstand angehören muss

Zungenreden, unverständliches, verzücktes, oft ekstatisches Reden und Lallen in den Gottesdiensten der Urgemeinde und in ‣ **Pfingstgemeinden** der Gegenwart. Nach dem Apostel Paulus bedarf die Zungenrede der Auslegung

EINE KLEINE KIRCHENKUNDE

I. Warum die kirchlichen Bezeichnungen, Ämternamen und Titel so verschieden sind

Bunt und verschieden war schon in der Urchristenheit das Erscheinungsbild der Christenheit.
Zunächst gab es nur einzelne selbstständige Gemeinden. Ihre Leitung lag bei den Ältesten (Presbytern), Predigern (Propheten) und Diakonen. Aus dem Ältestenamt entwickelten sich das Pfarramt und das Bischofsamt. Zusammengehalten wurden die einzelnen Gemeinden durch die Zusammenkünfte der Bischöfe auf den Synoden. So entstand zunächst eine Kirche im Römischen Reich, die jedoch in ihrem Erscheinungsbild vielfältig blieb.
Schon früh kam es aber zu Abspaltungen einzelner Kirchengruppen und schließlich zu den beiden großen Kirchenspaltungen im 11. und im 16. Jahrhundert.
So gibt es heute drei Hauptausprägungen in der Weltchristenheit: Die orthodoxen Kirchen, die römisch-katholische Kirche und die reformatorischen, evangelischen Kirchen.

II. Die evangelischen (reformatorischen) Kirchen

Evangelische Vielfalt

Schon seit der Reformationszeit im 16. Jahrhundert gab es keine einheitliche evangelische Kirche. Luther, Zwingli und Calvin wollten nur die katholische Kirche reformieren und dachten nicht an besondere Kirchengründungen. In Deutschland nahmen bald die Landesfürsten und die freien Reichsstädte die Erneuerung der Kirche in ihren Gebieten in die Hand, die Landeskirchen entstanden. In der Schweiz führten einzelne Kantone die Reformation ein, in England und in den skandinavischen Ländern die Könige. Dazu führte das Wirken charismatisch begabter Erneuerer zur Entstehung einzelner unabhängiger Gemeinden, die sich dann zu Freikirchen entwickelten.
So wurde im Laufe der Jahrhunderte das Erscheinungsbild der reformatorischen Kirchen in der Welt immer bunter.

Die fünf Hauptströmungen bei den reformatorischen Kirchen
Lutheraner, Reformierte, unierte, Anglikaner, Freikirchen

1. Die **lutherischen Kirchen** sind die durch Luther geprägten Landes- und Staatskirchen. Sie entstanden vor allem in Deutschland und in Skandinavien, aber auch im Baltikum in Estland, Livland und Lettland. Sie nannten sich später lutherisch wie dann auch einzelne Freikirchen in Europa und besonders in Nordamerika.
Schon in der Reformationszeit bildete sich in Deutschland vor allem bei den Lutheranern ein landesherrliches Kirchenregiment heraus. Der Landesherr wurde zum „summus episcopus", zum obersten Bischof, und die Kirchenverwaltung war ein Teil der Landesverwaltung.
Erst im Laufe des 19. Jahrhunderts wurden die ersten Synoden (Kirchenparlamente) gewählt. Bei der kirchlichen Neuordnung nach1918 trat an die Stelle des Landesherrn als summus episcopus ein auf Lebenszeit gewählter Landesbischof oder Bischof mit hervorgehobenen kirchenleitenden Funktionen und unabhängige Kirchenverwaltungen.
Die Liturgie der lutherischen Gottesdienste behielt die reiche Struktur der katholischen Messe, wobei anstelle des Messopfers die Predigt in den Mittelpunkt rückte. Zumeist blieb auch die vielfältige Ausstattung der Kirchenräume erhalten.

2. Die **reformierten Kirchen** sind die durch die schweizerischen Reformatoren Zwingli und Calvin bestimmten Kirchen, die vor allem in der Schweiz, in Frankreich, in den Niederlanden, in Schottland, Ungarn und später in Nordamerika entstanden.
In den meisten reformierten Kirchen bildete sich schon in der Reformationszeit eine presbyteriale, synodale Struktur heraus: Gewählte Presbyter leiten die Gemeinden, Synoden die Kirchen, an deren Spitze ein auf Zeit gewählter (Kirchen-) Präsident oder Moderator steht.
Die einfache Liturgie der Gottesdienste beschränkt sich zumeist auf den Gemeindegesang, Gebete, Bibellesungen und die Predigt. Die reformierten Kirchenräume sind schmucklos, das Kreuzzeichen fehlt und der Altar ist ein einfacher Abendmahlstisch.

3. Die **unierten Kirchen** entstanden im 19. Jahrhundert in dem Bestreben, die

Gegensätze zwischen den Lutheranern und Reformierten zu überwinden, so u.a. in Preußen, Hessen, Baden, Anhalt und in der Pfalz. In einer Verwaltungsunion sind lutherische und reformierte Gemeinden in einer Landeskirche unter einer Kirchenleitung vereint, in einer Konsensusunion gibt es ein einheitliches uniertes Bekenntnis. (Der frühere Begriff „Kultusunion" bedeutete Abendmahlsgemeinschaft zwischen den einzelnen Konfessionsgemeinden in einer Landeskirche. Er ist durch die inzwischen erklärte Abendmahlsgemeinschaft in der Evangelischen Kirche in Deutschland überholt.)
Entsprechend den Traditionen der einzelnen Gemeinden und Kirchen sind die jeweiligen kirchenleitenden Strukturen, die Gestaltung der Gottesdienste und Kirchenräume mehr lutherisch oder reformiert bestimmt. Vor allem in den Konsensusunionen wurde eine Verbindung beider Traditionen gesucht.
Auch in außerdeutschen Ländern, vor allem in Asien, vereinigten sich im 20. Jahrhundert Kirchen zu Unionskirchen.

4. Die **anglikanischen Kirchen**, vor allem in England, dazu in Nordamerika und in den ehemaligen englischen Kolonien, nahmen schon von Anfang an eine Mittelstellung zwischen den evangelischen Kirchen und der katholischen Kirche ein.

5. Die **Freikirchen** sind weder Volks-, Landes- noch Staatskirchen. Die wichtigsten evangelischen Freikirchen sind die Baptisten, Mennoniten und Methodisten, dazu die Pfingstkirchen. Sie sind vor allem in Nord- und Südamerika, aber auch in Europa, Afrika und Asien verbreitet.
Die einzelnen, von gewählten Gremien geleiteten Gemeinden sind oft selbstständig und in einem lockeren Kirchenbündnis miteinander verbunden. Die geistliche Leitung liegt zumeist bei hauptamtlichen Pastoren oder Predigern.
Die Gottesdienste bestehen in der Regel aus gemeinsamem Gesang, Gebeten, Bibellesungen und Predigten. Die Gottesdiensträume sind schlicht gestaltet.

Da vor allem die außereuropäischen lutherischen und reformierten Kirchen (so wie auch einige in Europa) weder Volks- noch Landeskirchen sind, haben auch sie unter Beibehaltung ihrer jeweiligen Traditionen einen freikirchlichen Charakter. Freikirchen sind auch einige selbstständige lutherische und reformierte Kirchen in Europa.

(Die Freikirchen sind von den Sekten zu unterscheiden, die sich von den Hauptströmungen der Christenheit getrennt haben und ein Sonderleben führen.)

Weltweite Kirchenbünde

Im 19. und 20. Jahrhundert entstanden weltweite Kirchenbünde, so der Reformierte und der Lutherische Weltbund. Schließlich schlossen sich im 20. Jahrhundert die meisten reformatorischen Kirchen in der Welt mit den orthodoxen Kirchen zum Ökumenischen Rat der Kirchen zusammen.

1. Die evangelischen Kirchen in Deutschland

Bis heute sind die in der Reformationszeit entstandenen Landeskirchen in ihrem konfessionellen Charakter und in ihrer Struktur verschieden.
Seit der Mitte des 19. Jahrhunderts gab es im evangelischen Deutschland Einigungsbestrebungen, die schließlich im 20. Jahrhundert zu kirchlichen Zusammenschlüssen führten. So entstanden die Evangelische Kirche in Deutschland, die Evangelische Kirche der Union, die Vereinigte Evangelisch-Lutherische Kirche in Deutschland, der Reformierte Bund und weitere kirchliche Zusammenschlüsse und Arbeitsgemeinschaften.

1.1 Die Evangelische Kirche in Deutschland (EKD)

Die Evangelische Kirche in Deutschland (EKD) ist ein Zusammenschluss von rechtlich selbstständigen Landeskirchen zu einem Kirchenbund.
Diese sind in ihrem Aufbau und in ihrem Charakter sehr verschieden. Manche Landeskirchen nennen sich lutherisch, andere reformiert, wiederum andere uniert (weil bei ihnen Lutheraner und Reformierte vereint sind). Dennoch überwiegen die Gemeinsamkeiten. So sind auch die evangelischen Christen in Deutschland grundsätzlich Mitglied der Landeskirche, in deren Bereich sie wohnen (es sei denn, sie bestimmten ausdrücklich anderes).
Die jeweiligen Gebiete der Landeskirchen sind historisch bedingt. Im allgemeinen entsprechen sie der Gliederung des Deutschen Reiches bis 1918.
Bei den ehemals preußischen Landeskichen waren die Kirchen in den älteren preußischen Provinzen (die schon vor 1850 zu Preußen gehörten) in der Kirche der Altpreußischen Union mit dem Ev. Oberkirchenrat in Berlin als Kirchenprovinzen vereint. Heute gehören sie zusammen mit der Ev. Landeskirche Anhalts innerhalb der EKD zur ‣ **Evangelischen Kirche der Union (EKU)**.
Der größte Teil der lutherischen Landeskirchen gehört ebenfalls innerhalb der

EKD zur ‣ **Vereinigten Evangelisch-Lutherischen Kirche in Deutschland (VELKD).** Zur EKD gehören die nachfolgend näher beschriebenen 24 Landeskirchen. Die Ev. Kirche der Union (EKU) ist die 25. Gliedkirche der EKD. Die ‣ **Herrnhuter Brüdergemeine** ist assoziiertes Mitglied ohne Stimmrecht.
Von der Gesamtbevölkerung Deutschlands gehörten Anfang 2000 rd. 26,85 Mill. Christen in 17.608 Kirchengemeinden zu den Mitgliedskirchen der EKD. Davon gehörten 13,11 Mill. zu den unierten, 13,34 zu den lutherischen und 0,4 Mill. zu den reformierten Gliedkirchen.

Hauptaufgabe der EKD ist es, die Gemeinschaft unter ihren Gliedkirchen zu fördern und eine möglichst große Übereinstimmung in den wesentlichen Fragen des kirchlichen Lebens und Handelns zu bewirken. Die EKD vertritt die Gesamtheit der Gliedkirchen in der Gesellschaft und Öffentlichkeit und auch in der ‣ **Ökumene**.
Alle besonderen Glaubens- und Bekenntnisfragen sind den einzelnen Gliedkirchen vorbehalten.

Die Leitungsorgane der EKD

1. Die *Synode der EKD* (das „Parlament") besteht aus 100 von den Synoden der Gliedkirchen gewählten und aus 20 vom Rat der EKD entsandten Mitgliedern. Den Vorsitz führt der *Präses* der Synode.
2. In der *Kirchenkonferenz* ist jede Gliedkirche mit einem Mitglied vertreten. Es ist ein Beratungsorgan für die Synode und den Rat der EKD.
3. Der *Rat der EKD* übt die Leitung der EKD aus und vertritt sie nach außen. Seine 15 Mitglieder werden von der Synode gewählt, ebenso der *Vorsitzende des Rates* (auch *Ratsvorsitzender* genannt) und sein Stellvertreter. Der Ratsvorsitzende ist der höchste Repräsentant der zur EKD gehörenden evangelischen Christen in Deutschland.

Das Kirchenamt

Das *Kirchenamt der EKD* in Hannover führt die Verwaltung der EKD und die laufenden Geschäfte des Rates. Geleitet wird es mit den Hauptabteilungen „Recht und Verwaltung", „Theologie und öffentliche Verantwortung" von einem theologischen *Präsidenten*, einem juristischen *Vizepräsidenten* und von *Oberkirchenräten.*

Ökumene und Auslandsarbeit
Die Leitung der Hauptabteilung „Ökumene und Auslandsarbeit" hat ein *Bischof* inne.
Sie ist u.a. für die allgemeine ökumenische Arbeit und speziell für die deutschen Auslandsgemeinden zuständig.

Militärseelsorge
Die Leitung der Militärseelsorge liegt beim *Militärbischof.*
Das *Evangelische Kirchenamt für die Bundeswehr* in Bonn wird von einem *Generalmilitärdekan* geleitet.
In den einzelnen Wehrbereichen sind die *Militärdekane* die Dienstvorgesetzten der *Militärpfarrer.*

Seelsorge im Bundesgrenzschutz
Die Seelsorge im Bundesgrenzschutz wird von einem beauftragten Bischof aus der EKD und dem *Grenzschutzdekan* mit den *Grenzschutzoberpfarrern* geleitet.

Der Bevollmächtigte des Rates der EKD bei der Bundesrepublik Deutschland und der Europäischen Union führt den Titel *Prälat*. Er hat seinen Dienstsitz in Berlin.

Werke und Institutionen innerhalb der EKD sind u.a. das ‣ **Diakonische Werk der EKD** in Stuttgart und das Gemeinschaftswerk der Ev. Publizistik in Frankfurt a.M., die Ev. Zentralstelle für Weltanschauungsfragen in Berlin und das Sozialwissenschaftliche Institut der EKD in Bochum, dazu kirchliche Gerichte.

Ökumene und EKD
Die EKD arbeitet mit in den ökumenischen Zusammenschlüssen der ‣ **Arbeitsgemeinschaft der christlichen Kirchen in Deutschland (ACK)**, dem ‣ **Ökumenischen Rat der Kirchen (ÖRK)**, der ‣ **Konferenz Europäischer Kirchen (KEK)**, dem ‣ **Lutherischen Weltbund** und dem ‣ **Reformierten Weltbund**.

1.1.2 Die Gliedkirchen der EKD – Übersichtskarte

1.1.3. Statistik der EKD (Landeskirchen, Anzahl der Kirchenmitglieder und der Gemeinden)

Landeskirche	Kirchenmitglieder in 1000	Kirchengemeinden
Anhalt	66	196
Baden	1332	552
Bayern	2708	1531
Berlin-Brandenburg	1292	1725
Braunschweig	441	416
Bremen	264	72
Hannover	3213	1398
Hessen und Nassau	1889	1184
Kirchenprovinz Sachsen	564	2102
Kurhessen-Waldeck	1009	970
Lippe	210	71
Mecklenburg	236	338
Nordelbien	2280	658
Oldenburg	480	122
Pfalz	644	431
Pommern	131	314
Reformierte Kirche	197	142
Rheinland	3067	824
Sachsen	974	978
Schaumburg-Lippe	66	22
Schlesische Oberlausitz	69	73
Thüringen	522	1408
Westfalen	2797	655
Württemberg	2398	1426
EKD Gesamt	26848	17608

Kirchenmitglieder und Kirchengemeinden der EKD im Jahr 1999
Quelle: EKD-Kirchenamt, EKD-Statistik

1.2 Die kirchlichen Zusammenschlüsse innerhalb der EKD

1.2.1 Die Evangelische Kirche der Union (EKU)

Die Ev. Kirche der Union (EKU) ist aus der ehemaligen evangelischen Kirche der Altpreußischen Union (ApU) hervorgegangen, zu der die lutherischen und reformierten Kirchen und Gemeinden in Preußen 1817 vereinigt wurden. Oberstes Leitungsorgan der ApU war der Ev. Oberkirchenrat in Berlin. Die ehemaligen Provinzialkirchen der ApU bilden heute zusammen mit der Ev. Landeskirche Anhalts die EKU. Sie ist Mitgliedskirche in der ‣ **EKD**.

Die EKU strebt eine Vereinheitlichung der Lebensordnungen für die Gemeinden, der Gottesdienstordnungen und des Rechtswesens in ihren Mitgliedskirchen an. Sie hat gemeinsame Einrichtungen, u.a. ‣ **Predigerseminare**, weitere kirchliche Ausbildungsstätten, den Kunstdienst und kirchliche Gerichte.

Die **Mitgliedskirchen der EKU:** Ev. Landeskirche Anhalts, Ev. Kirche in Berlin-Brandenburg, Ev. Kirche der schlesischen Oberlausitz, Pommersche Ev. Kirche, Ev. Kirche im Rheinland, Ev. Kirche der Kirchenprovinz Sachsen, Ev. Kirche von Westfalen.

Die **Leitungsorgane der EKU** sind die *Synode* mit dem *Präses* als Vorsitzenden, der von der Synode gewählte *Rat der EKU* und der ebenfalls von der Synode gewählte *Vorsitzende des Rates*.

Verwaltet wird die EKU durch die *Kirchenkanzlei* in Berlin mit einem theologischen *Präsidenten*, einem juristischen *Vizepräsidenten* und *Oberkirchenräten* in den Leitungsämtern.

1.2.2 Die Vereinigte Evangelisch-Lutherische Kirche in Deutschland (VELKD)

Die Vereinigte Evangelisch-Lutherische Kirche in Deutschland (VELKD) ist ein Zusammenschluss von evangelisch-lutherischen Landeskirchen innerhalb der ‣ **EKD.**

Sie strebt eine Vereinheitlichung in den Lebensordnungen, Gottesdienstordnungen und im Rechtswesen in ihren Gliedkirchen an. Sie ist Träger von kirchlichen Gerichten für ihre Gliedkirchen.

Die Mitgliedskirchen der VELKD: Ev.-Luth. Kirche in Bayern, Ev.-luth. Landeskirche in Braunschweig, Ev.-luth. Landeskirche Hannovers, Ev.-Luth. Landeskirche Mecklenburgs, Nordelbische Ev.-Luth. Kirche, Ev.-Luth. Landes-

kirche Sachsens, Ev.-Luth. Landeskirche Schaumburg-Lippe, Ev.-Luth. Kirche in Thüringen.
Die **Leitungsorgane der VELKD** sind die *Generalsynode* mit einem *Präsidenten* als Vorsitzenden, die die *Kirchenleitung* und den *Leitenden Bischof* wählt, dazu die *Bischofskonferenz*.
Verwaltet wird die VELKD vom *Lutherischen Kirchenamt* in Hannover mit einem theologischen *Präsidenten*, einem juristischen *Vizepräsidenten* und *Oberkirchenräten* an der Spitze.

1.2.3 Die Arnoldshainer Konferenz

Die Arnoldshainer Konferenz (benannt nach der Ev. Tagungsstätte in Arnoldshain, Hessen) ist ein Zusammenschluss vor allem von unierten Landeskirchen innerhalb der ‣ **EKD**. Sie fördert die gemeinsame theologische und kirchenrechtliche Arbeit der Mitgliedskirchen und innerhalb der EKD im kontinuierlich arbeitenden Theologischen Ausschuss und im Rechtsausschuss.
Mitarbeitende Kirchenleitungen: Evangelische Kirche der Union (EKU) und alle ihre Mitgliedskirchen, Ev. Landeskirche in Baden, Bremische Ev. Kirche, Ev. Kirche in Hessen und Nassau, Ev. Kirche von Kurhessen-Waldeck, Lippische Landeskirche, Ev.-Luth. Kirche in Oldenburg, Ev. Kirche der Pfalz, Ev.-reformierte Kirche und als Gastkirchen die Ev. Landeskirche in Württemberg und das Reformierte Moderamen.
Geleitet wird die Arnoldshainer Konferenz von einem gewählten *Vorsitzenden.* Die Verwaltung geschieht durch die *Kirchenkanzlei der EKU* in Berlin.

1.2.4 Die Konföderation evangelischer Kirchen in Niedersachsen

Die Konföderation ev. Kirchen in Niedersachsen ist ein kirchenrechtlicher Verbund der Landeskirchen im Bereich Niedersachsens zur Behandlung gemeinsamer kirchlicher Angelegenheiten.
Die **Mitgliedskirchen:** Ev.-luth. Landeskirche Hannovers, Ev.-luth. Landeskirche in Braunschweig, Ev.-Luth. Kirche in Oldenburg, Ev.-reformierte Kirche in Nordwestdeutschland, Ev.-Luth. Landeskirche Schaumburg-Lippe.
Die **Leitungsorgane** sind die *Synode* und der *Rat der Konföderation* mit einem *Vorsitzenden* an der Spitze. Die **Geschäftsstelle** befindet sich in Hannover unter der Leitung eines *Oberlandeskirchenrates*.

1.2.5 Der Reformierte Bund

Der Reformierte Bund ist eine Föderation (Vereinigung) reformierter Kirchen, Gemeinden, Verbände und Einzelpersonen innerhalb der EKD zur Wahrung der ursprünglichen Anliegen der Reformation Zwinglis und Calvins.

Hauptträger des Ref. Bundes sind die Ev.-reformierte Kirche, die Lippische Landeskirche und weitere einzelne reformierte Gemeinden.

Leitungsorgane sind die *Hauptversammlung* und das *Moderamen* mit einem *Moderator* an der Spitze. Die **Geschäftstelle** befindet sich in Wuppertal unter Leitung eines *Generalsekretärs*.

(Nicht zur EKD gehört der **Bund evangelisch-reformierter Kirchen in der Bundesrepublik Deutschland**, deren Mitglieder die Konföderation ev.-ref. Gemeinden in Niedersachsen, die Ev.-ref. Kirche in Hamburg und die Ev.-ref. Gemeinde in Dresden sind.)

1.3 Die Landeskirchen

1.3.1 Die Leitungsämter in den Landeskirchen im Überblick

Anders als in den katholischen und orthodoxen Kirchen können in den meisten reformatorischen Kirchen auch Frauen die Leitungsämter innehaben.

Die männlichen Amtsbezeichnungen:

Pfarrer	**Pastor (Prediger)**
Dekan	**Superintendent, Kreisoberpfarrer, Kreispfarrer, Propst, Dekanatsrat, Senior, Oberprediger, Moderator**
Prälat	**Generalsuperintendent, Landessuperintendent, Regionalbischof, Kreisdekan, Propst, Visitator**
Präses der Synode	**Präsident der Synode, Synodalpräsident**
Bischof	**Landesbischof, Präses, Kirchenpräsident, Moderator, Schriftführer, Landessuperintendent, Präsident**
Konsistorialpräsident	**Präsident (Vizepräsident)**
Oberkirchenrat	**Landeskirchenrat, Oberlandeskirchenrat, Oberkonsistorialrat**
Landeskirchenrat	**Konsistorialrat, Kirchenrat, Landespfarrer**

Die weiblichen Amtsbezeichnungen:

Pfarrerin	Pastorin (Predigerin)
Dekanin	Superintendentin, Kreisoberpfarrerin, Kreispfarrerin, Pröpstin, Dekanatsrätin, Seniorin, Oberpredigerin, Moderatorin
Prälatin	Generalsuperintendentin, Landessuperintendentin, Regionalbischöfin, Kreisdekanin, Pröpstin, Visitatorin
Präses der Synode	Präsidentin der Synode, Synodalpräsidentin
Bischöfin	Landesbischöfin, Präses, Kirchenpräsidentin, Moderatorin, Schriftführerin, Landessuperintendentin, Präsidentin
Konsistorialpräsidentin	Präsidentin (Vizepräsidentin)
Oberkirchenrätin	Landeskirchenrätin, Oberlandeskirchenrätin, Oberkonsistorialrätin
Landeskirchenrätin	Konsistorialrätin, Kirchenrätin, Landespfarrerin

1.3.2 Der Aufbau der Landeskirchen im Überblick

Die meisten Landeskirchen organisieren sich in drei Ebenen. Einige haben dazu noch eine zweite mittlere Ebene.

Die **untere Ebene** ist die *Kirchengemeinde* mit einem oder mehreren *Pfarrämtern* oder *Pastoraten* und *Pfarrern* oder *Pastoren* (so vor allem in Norddeutschland genannt).

Die Leitungsgremien werden von den Gemeindegliedern gewählt und heißen zumeist *Kirchengemeinderat, Gemeindekirchenrat, Presbyterium* oder *Kirchenvorstand.*

Die Mitglieder dieser Gremien nennen sich *(Kirchen-)Älteste, Presbyter, Kirchenvorsteher* oder *Kirchenverordnete.*

Die **mittlere Ebene** heißt u. a. *Kirchenkreis* und *Superintendentur* (vor allem in Nord- und Ostdeutschland), *Kirchenbezirk* und *Dekanat* (vor allem in Süddeutschland), vereinzelt im Norden auch *Propstei.*

Die Leitungsorgane auf dieser Ebene sind die von den Kirchengemeinderäten (Presbyterien, Gemeindekirchenräten, Kirchenvorständen) gewählten *Kreis-,*

Bezirks-, Dekanats- oder *Propsteisynoden.* (Weitere Bezeichnungen s.u.). Diese wiederum wählen ein ständiges Leitungsgremium, wie den *Bezirkskirchenrat* oder *Kreiskirchenrat* (Übersicht unten).
Die **Amtsinhaber** heißen *Dekan*, *Superintendent, Kreispfarrer* oder *Kreisoberpfarrer* und *Props*t, bei den Reformierten *Senior* oder *Präses.*

In manchen Landeskirchen gibt es eine **weitere mittlere Ebene**.
In Süddeutschland heißt sie *Prälatur, Kirchenkreis* oder *Sprengel*, in Norddeutschland *Generalsuperintendentur, Landessuperintendentur, Sprengel* oder *Propstei.*
Ihre **Amtsinhaber** werden *Prälat, Kreisdekan* (in Bayern), *Generalsuperintendent*, *Landesuperintendent* oder *Propst* genannt.

Die **obere Ebene** sind die *Landeskirchen*. Sie werden in der Regel von den gewählten *Landessynoden* geleitet. Die *Landesynodalen* werden zumeist von den Leitungsorganen der mittleren Ebene gewählt. In Württemberg gibt es eine Direktwahl der Landessynodalen durch die Gemeindeglieder. Der Vorsitzende der Landessynode ist ein *Präses, Präsident, Synodalpräsident* oder (bei den Reformierten) *Moderator*.
Die ständigen Leitungsgremien heißen u.a. *Kirchenleitung, Kirchenregierung* und *Landeskirchenrat*, bei den Reformierten *Moderamen.*
Die **leitenden Geistlichen** führen die Amtsbezeichnung *Landesbischof, Bischof, Präses, Kirchenpräsident, Senior, Moderator* und *Sprecher.*
Verwaltet werden die Landeskirchen von *Landeskirchenämtern, Landeskirchenräten, Ev. Oberkirchenräten, Konsistorien* oder dem *Kirchenamt.*
Die **Inhaber der Leitungsämter** in der Verwaltung heißen *Oberkirchenrat* und *Kirchenrat, Oberlandeskirchenrat* und *Landeskirchenrat, Oberkonsistorialrat* und *Konsistorialrat*. Einzelne Sachgebietsleiter werden auch *Landespfarrer* genant.
Juristisch ausgebildete Verwaltungsbeamte führen u.a. den Titel *Kirchenrechtsrat* und *Kirchenoberrechtsrat.*

Hier eine kleine Übersicht:

Die jeweils zutreffenden Bezeichnungen werden bei der ausführlichen Darstellung der einzelnen Landeskirchen angegeben.

Die untere Ebene:

Kirchengemeinde	Pfarrgemeinde, Kirchgemeinde
Kirchengemeinderat	Gemeindekirchenrat, Presbyterium, Kirchenvorstand, Moderamen, Kirchenrat
Kirchenälteste	Älteste, Presbyter, Kirchenvorsteher, Kirchenverordnete, Kirchengemeinderäte Gemeindekirchenratsmitglieder
Pfarrer	Pastor (Prediger)

Die mittlere Ebene:

Dekanat	Kirchenkreis, Dekanatsbezirk, Kirchenbezirk, Superintendentur, Propstei, Klasse
Bezirkssynode	Dekanatssynode, Kreissynode, Kirchenkreistag, Kirchenkreissynode, Kirchenbezirkssynode, Propsteisynode, Moderamen, Klassentag
Bezirkskirchenrat	Kreiskirchenrat, Kirchenkreisvorstand, Kreissynodalvorstand, Dekanatsausschuss, Dekanatssynodalvorstand, Kirchenbezirksvorstand, Kirchenbezirksausschuss, Propsteivorstand, Präsidium der Kreissynode, Vorstand der Kreissynode, Klassenvorstand
Dekan	Superintendent, Kreisoberpfarrer, Kreispfarrer, Propst, Moderator, Senior, Oberprediger

Die zweite mittlere Ebene:

Prälatur	Generalsuperintendentur, Propstei, Propsteisprengel, Sprengel, Kirchenkreis, Aufsichtsbezirk

Prälat	Generalsuperintendent, Landessuperintendent, Propst, Kreisdekan, Regionalbischof, Visitator

Die obere Ebene:

Landeskirche	Ev. Landeskirche, Ev. Kirche, Ev.-Luth. Kirche, Ev.-luth. Kirche, Ev.-Luth. Landeskirche, Ev.-luth. Landeskirche, Ev.-ref. Kirche
Landessynode	Synode, Kirchensynode, Gesamtsynode, Provinzialsynode, Kirchentag
Präses der Synode	Präsident der Synode, Synodalpräsident
Kirchenleitung	Kirchenregierung, Kirchensenat, Kirchenausschuss, Synodalrat, Synodalausschuss, Landeskirchenrat, Rat der Landeskirche, Moderamen
Landesbischof	Bischof, Präses, Kirchenpräsident, Präsident, Schriftführer, Landessuperintendent, Moderator
Landeskirchenamt	Oberkirchenrat, Landeskirchenrat, Kirchenkanzlei, Kirchenamt, Konsistorium, Kirchenverwaltung

Leitende Mitarbeiter in der Kirchenverwaltung:

Präsident, Vizepräsident, Propst, Präses, Oberlandeskirchenrat, Landeskirchenrat, Oberkirchenrat, Kirchenrat, Konsistorialpräsident, Oberkonsistorialrat, Konsistorialrat, Landespfarrer, Kirchenrechtsdirektor, Kirchenoberrechtsrat, Kirchenrechtsrat

1.3.3 Die einzelnen Landeskirchen in ausführlicher Darstellung

Anhalt

Die *Evangelische Landeskirche Anhalts* ist eine zur ‣ **EKU** gehörende unierte Kirche, ein Zusammenschluss lutherischer und reformierter Gemeinden. Sie umfasst das Gebiet der ehemaligen anhaltischen Herzogtümer im Land Sachsen-Anhalt mit rd. 66.000 Mitgliedern und 196 Kirchengemeinden.

Die *Kirchengemeinde* wird vom *Gemeindekirchenrat (GKR)* mit den *Ältesten (Ge-*

meindekirchenräten) und den *Pfarren* als Mitglieder geleitet.
Dem *Kirchenkreis* stehen die *Kreissynode*, der *Vorstand der Kreissynode* und der *Kreisoberpfarrer* vor.
Die Leitungsorgane der *Landeskirche* sind die *Landessynode* mit dem *Präses* an der Spitze, die *Kirchenleitung*, die aus den Mitgliedern des *Landeskirchenrates* zusammen mit dem *Präsidium der Landessynode* sowie zwei weiteren *Landessynodalen* unter dem Vorsitz des *Kirchenpräsidenten* gebildet wird. Zum Landeskirchenrat gehören ebenfalls unter dem Vorsitz des *Kirchenpräsidenten* drei weitere von der Landessynode gewählte Mitglieder (wobei die Zahl der Theologen größer ist als die der Juristen). Der *Kirchenpräsident* hat bischöfliche Funktionen (allerdings ohne das Ordinationsrecht, das bei den *Kreisoberpfarrern* liegt).
Verwaltet wird die Landeskirche vom *Landeskirchenrat* in Dessau. Zum leitenden Kollegium des Landeskirchenrates gehören der *Kirchenpräsident* als Vorsitzender und die *Oberkirchenräte*.

Baden

Die ***Evangelische Landeskirche in Baden*** ist eine unierte Landeskirche mit einem unierten Bekenntnis auf dem Gebiet des ehemaligen Großherzogtums Baden im Land Baden-Württemberg mit rd. 1,33 Mill. Mitgliedern in 552 Kirchengemeinden.
Die *Pfarrgemeinde* (die bei einer Pfarrstelle mit der *Kirchengemeinde* identisch ist) wird vom *Ältestenkreis (Kirchengemeinderat)* mit den *Ältesten* und den *Pfarrern* als Mitglieder geleitet.
Mehrere Pfarrgemeinden können zusammen eine *Kirchengemeinde* mit einem gemeinsamen *Kirchengemeinderat (KGR)* bilden.
Dem *Kirchenbezirk*, auch *Dekanat* genannt, stehen als Leitungsorgane die *Bezirkssynode,* der *Bezirkskirchenrat* und der *Dekan* (dazu der *Schuldekan*) vor.
Mehrere Kirchenbezirke bilden einen der drei *Kirchenkreise* oder *Prälaturen* mit einem *Prälaten* an der Spitze.
Die Leitungsorgane der *Landeskirche* sind „in geistlicher und rechtlicher Einheit" die *Landessynode* mit dem *Präsidenten* an der Spitze, der *Landesbischof*, der *Landeskirchenrat* und das *Kollegium des Ev. Oberkirchenrates*, zu dem der *Landesbischof*, die *Oberkirchenräte* und die *Prälaten* mit beratender Stimme gehören. Dem *Landeskirchenrat* gehören *Mitglieder der Landessynode* mit dem *Präsidenten*, der *Landesbischof*, die *Oberkirchenräte* und die *Prälaten* (mit beratender Stimme) an.

Einige Entscheidungen sind dem *Landeskirchenrat in synodaler Besetzung* vorbehalten, in dem nur die *Landessynodalen* Stimmrecht haben.
Verwaltet wird die Landeskirche vom *Evangelischen Oberkirchenrat (EOK)* in Karlsruhe. Zum leitenden Kollegium des OKR gehören der *Landesbischof* als Vorsitzender, die *Oberkirchenräte*, dazu mit beratender Stimme die *Prälaten*. Weitere *Kirchenräte* haben im EOK leitende Funktionen.

Bayern

Die ***Evangelisch-Lutherische Kirche in Bayern*** ist eine zur ‣ **VELKD** gehörende lutherische Landeskirche. Sie umfasst das Gebiet des ehemaligen Königreiches Bayern, heute des Freistaates Bayern, mit rd. 2,7 Mill. Mitgliedern in 1531 Kirchengemeinden.
Die *Kirchengemeinde* wird vom *Kirchenvorstand* geleitet, zu dem die *Kirchenvorsteher* und die *Pfarrer* gehören.
Dem *Dekanatsbezirk* stehen als Leitungsorgane die *Dekanatssynode*, der *Dekanatsausschuss* und der *Dekan* vor.
Mehrere Dekanatsbezirke bilden einen der sechs *Kirchenkreise* mit einem *Kreisdekan* an der Spitze, der zugleich einer der *Oberkirchenräte* der Landeskirche ist und die Amtsbezeichnung *Regionalbischof* führt.
Die Leitungsorgane der *Landeskirche* sind die *Landessynode* mit ihrem *Präsidenten*, der *Landessynodalausschuss* unter dem Vorsitz des *Präsidenten der Landessynode* und der *Landeskirchenrat*, zu dem der *Landesbischof* als Vorsitzender, gewählte *Landessynodale* und die *Oberkirchenräte* gehören.
Verwaltet wird die *Landeskirche* vom *Landeskirchenamt (LKA)* in München. Zum leitenden Kollegium des LKA gehören der *Landesbischof* als Vorsitzender und alle *Oberkirchenräte*. Weitere *Kirchenräte* haben leitende Funktionen im LKA.

Berlin-Brandenburg

Die ***Evangelische Kirche in Berlin-Brandenburg*** ist eine zur ‣ **EKU** gehörende Landeskirche auf dem Gebiet des bei Deutschland gebliebenen Teiles der ehemaligen Provinz Brandenburg und Berlin, heute vor allem in den Ländern Brandenburg und Berlin. Sie ist eine Unionskirche mit überwiegend lutherischen und einzelnen reformierten Gemeinden mit rd. 1,29 Mill. Mitgliedern in 1725 Kirchengemeinden.
Die *Kirchengemeinde* wird vom *Gemeindekirchenrat (GKR)* und den *Pfarrern* geleitet.

Dem *Kirchenkreis* stehen als Leitungsorgane *die Kreissynode*, der *Kreiskirchenrat* und der *Superintendent* vor. Einige Kirchenkreise haben ein *Leitungskollegium* mit einem *Vorsitzenden.*
Mehrere Kirchenkreise bilden einen der drei *Sprengel* mit dem *Generalsuperintendenten* an der Spitze.
Die Leitungsorgane der *Landeskirche* sind die *Landesynode* mit dem *Präses* als Vorsitzenden und die *Kirchenleitung*, zu der der *Bischof*, der *Moderator* (für die reformierten Gemeinden), die *Generalsuperintendenten*, der *Konsistorialpräsident*, der *Propst*, dazu der *Präses der Landessynode* und weitere gewählte *Landessynodale* gehören.
Verwaltet wird die Landeskirche vom *Ev. Konsistorium* in Berlin, das von einem Juristen, dem *Konsistorialpräsidenten,* und von einem Theologen, dem *Propst*, geleitet wird. Weitere Mitglieder des Kollegiums des Konsistoriums sind die *Oberkonsistorialräte* und *Konsistorialräte.*

Braunschweig

Die ***Evangelisch-lutherische Landeskirche in Braunschweig*** ist eine zur ▸ **VELKD** gehörende lutherische Landeskirche. Sie umfasst das Gebiet des ehemaligen Herzogtums Braunschweig, heute vor allem in Niedersachsen und in Sachsen-Anhalt, mit 441.000 Mitgliedern in 416 Kirchengemeinden.
Die *Kirchengemeinde* wird vom *Kirchenvorstand* geleitet, zu dem die *Kirchenverordneten* und die *Pfarrer* gehören. Kirchengemeinden können sich zu einem *Kirchenverband* zusammenschließen.
Der *Propstei* (entspricht dem Kirchenkreis) stehen als Leitungsorgane die *Propsteisynode*, der *Propsteivorstand* und der *Propst* vor.
Die Leitungsorgane der *Landeskirche* sind die *Landessynode* mit dem *Präsidenten* an der Spitze, der *Landesbischof* und die *Kirchenregierung* unter der Leitung des *Landesbischofs*, zu der der *Präsident der Landessynode*, weitere gewählte *Landessynodale* und *Vertreter des Landeskirchenamtes* als Mitglieder gehören.
Verwaltet wird die Landeskirche vom *Landeskirchenamt* in Wolfenbüttel. Zum leitenden Kollegium des Landeskirchenamtes gehören der *Landesbischof* als Vorsitzender und die *Oberlandeskirchenräte.*

Bremen

Die ***Bremische Evangelische Kirche*** liegt auf dem Gebiet der Stadt Bremen, dazu mit einigen Gemeinden in Bremerhaven und in Niedersachsen, mit rd. 264.000 Mitgliedern in 72 Kirchengemeinden.

Die *Kirchengemeinde* wird vom *Kirchenvorstand* mit den *Kirchenvorstehern* (darunter *Verwaltende Bauherrinnen* oder *Bauherren*) und den *Pastoren* geleitet.

Oberstes Leitungsorgan der *Landeskirche* ist der *Kirchentag* (entspricht der Synode) mit dem *Präsidenten* an der Spitze. Der Kirchentag wählt den *Kirchenausschuss*, bestehend aus sechs Laien und sechs Theologen, darunter der *Senior* als Sprecher des Lutherischen Gemeindeverbandes. Zudem wählt der Kirchentag den *Vorstand des Kirchenausschusses*, bestehend aus dem *Präsidenten*, dem *Vizepräsidenten,* dem (theologischen) *Schriftführer* und dem *Schatzmeister*. Der *Schriftführer* hat bischöfliche Funktionen.

Verwaltet wird die Landeskirche von der *Kirchenkanzlei* unter Leitung eines Juristen in Bremen.

Hannover

Die ***Evangelisch-lutherische Landeskirche Hannovers*** ist eine zur ‣ **VLKD** gehörende Landeskirche. Sie umfasst das Gebiet des ehemaligen Königreiches Hannover, heute zum größten Teil im Land Niedersachsen, mit rd. 3,21 Mill. Mitgliedern in 1398 Kirchengemeinden.

Die *Kirchengemeinde* wird vom *Kirchenvorstand* geleitet, zu dem die *Kirchenvorsteher* und die *Pfarrer* gehören. Sind diese nur Verwalter einer Pfarrstelle, dann haben sie den Amtstitel *Pastor*. (In der Regel werden alle Geistlichen mit *Pastor* angeredet.)

Dem *Kirchenkreis* stehen als Leitungsorgane der *Kirchenkreistag* mit dem *Kirchenkreisvorstand* und dem *Superintendenten* (der in zwei Kirchenkreisen die Bezeichnung *Propst* führt) vor.

Die *Landessuperintendenten* leiten jeweils einen der acht *Sprengel*, die aus mehreren Kirchenkreisen bestehen.

Die *Landeskirche* hat mehrere Leitungsorgane: An der Spitze steht die *Landessynode* mit dem *Präsidenten* als Vorsitzenden. Der *Landessynodalausschuss* nimmt die Rechte der Synode zwischen den Tagungen wahr. Dem *Kirchensenat* gehören unter der Leitung des *Landesbischofs* der *Vorsitzende des Landessynodalausschusses* mit drei weiteren *Landessynodalen*, ein *Landessuperintendent* und der *Präsident* mit einem weiteren *Vertreter des Landeskirchenamtes* an. Der *Landesbischof* bildet mit den *Landessuperintendenten* den *Bischofsrat*.

Verwaltet wird die Landeskirche vom *Landeskirchenamt (LKA)* in Hannover. Zum leitenden Kollegium des LKA gehören der *Landesbischof*, der *Präsident des LKA*, ein geistlicher und ein juristischer *Vizepräsident*, dazu die theologischen und juristischen *Oberlandeskirchenräte* und *Oberkirchenräte*. Weitere *Kirchenräte* haben im LKA leitende Funktionen.

Hessen und Nassau

Die ***Evangelische Kirche in Hessen und Nassau*** ist eine unierte Landeskirche. Sie umfasst das Gebiet der ehemaligen gleichnamigen preußischen Provinz, heute vor allem im Land Hessen, dazu Gemeinden in Rheinland-Pfalz, mit rd. 1,89 Mill. Mitgliedern in 1184 Kirchengemeinden.

Die *Kirchengemeinde* wird vom *Kirchenvorstand* mit den *Kirchenvorstehern* und *Pfarrern* als Mitglieder geleitet.

Dem *Dekanat* stehen als Leitungsorgane die *Dekanatssynode* mit dem *Dekanatssynodalvorstand* und dem *Dekan* vor.

Mehrere Dekanate bilden einen der sechs *Propsteien* mit einem *Propst* an der Spitze.

Die Leitungsorgane der *Landeskirche* sind die *Kirchensynode* mit dem *Präses* als Vorsitzenden, der *Kirchensynodalvorstand*, die *Kirchenleitung* mit dem *Kirchenpräsidenten* als Vorsitzenden und dem *Stellvertretenden Kirchenpräsidenten*, einem *Propst*, dem *Leiter der Kirchenverwaltung*, zwei *Mitgliedern des Kirchensynodalvorstandes* und zwei *Gemeindegliedern* als weitere Mitglieder, die zusammen mit dem *Leitenden Geistlichen Amt* die Landeskirche leiten. Das *Leitende Geistliche Amt* ist ein kollegiales Amt, zu dem der (für 8 Jahre gewählte) *Kirchenpräsident*, sein *Stellvertreter* und die (für 6 Jahre gewählten) *Pröpste* gehören.

Verwaltet wird die Landeskirche von der *Kirchenverwaltung* in Darmstadt. Das Kollegium der Kirchenverwaltung hat den *Leiter der Kirchenverwaltung* (einen *Oberkirchenrat)* an der Spitze, dazu gehören zudem der *Kirchenpräsident* und die *Oberkirchenräte* und *Kirchenräte* in leitenden Funktionen.

Kirchenprovinz Sachsen

Die ***Evangelische Kirche der Kirchenprovinz Sachsen*** ist eine unierte, zur ‣ **EKU** gehörende Landeskirche. Sie umfasst das Gebiet der ehemaligen preußischen Provinz Sachsen, heute vor allem in den Ländern Sachsen-Anhalt und Thüringen, mit rd. 564.000 Mitgliedern in 2102 überwiegend lutherischen und einigen reformierten Kirchengemeinden.

Die *Kirchengemeinde* wird vom *Gemeindekirchenrat (GKR)* mit den *Ältesten* und den *Pfarrern* geleitet.
Dem *Kirchenkreis* stehen als Leitungsorgane die *Kreissynode*, der *Kreiskirchenrat* und der *Superintendent* vor. Der *Reformierte Kirchenkreis* wird von einem *Senior* geleitet.
Mehrere Kirchenkreise bilden einen der fünf *Propsteisprengel*, geleitet vom *Propst*.
Die Leitungsorgane der *Landeskirche* sind die *Provinzialsynode* mit dem *Präses* als ihrem Vorsitzenden, die *Kirchenleitung*, zu der der *Präses* der Provinzialsynode und gewählte *Mitglieder der Provinzialsynode*, der *Bischof*, ein *Propst* als sein Stellvertreter, ein weiterer *Propst* und der *Konsistorialpräsident* gehören. Der *Bischof* und die *Pröpste* gehören gemeinsam zum *bischöflichen Amt*.
Verwaltet wird die Landeskirche vom *Ev. Konsistorium* in Magdeburg. Mitglieder des Kollegiums des Konsistoriums sind der (juristische) *Konsistorialpräsident*, die *Oberkonsistorialräte* und *Konsistorialräte.*

Kurhessen-Waldeck

Die ***Evangelische Kirche von Kurhessen-Waldeck*** ist eine unierte Landeskirche und umfasst das Gebiet der ehemals gleichnamigen preußischen Provinz, heute vor allem im Land Hessen, aber auch in den Ländern Thüringen und Nordrhein-Westfalen, mit rd. 1 Mill. Mitgliedern in 970 Kirchengemeinden.
Die *Kirchengemeinde* wird vom *Kirchenvorstand* geleitet, dessen Mitglieder die *Kirchenältesten* und die *Pfarrer* sind.
Dem *Kirchenkreis* stehen als Leitungsorgane die *Kreissynode* mit dem *Kirchenkreisvorstand* und dem *Dekan* vor.
Mehrere Kirchenkreise bilden einen der vier *Sprengel* mit einem *Propst* an der Spitze.
Die Leitungsorgane der *Landeskirche* sind die *Landessynode* mit dem *Präses* als Vorsitzenden und der *Rat der Landeskirche*, dem der *Bischof* als Vorsitzender, die *Pröpste*, der *Prälat*, der *Vizepräsident des Landeskirchenamtes*, der *Präses der Synode* und seine beiden *Beisitzer* und weitere *Landessynodale* angehören. Die *Pröpste* vertreten in ihren Sprengeln den *Bischof* durch seelsorgerliche Beratung und Hilfe.
Das *Landeskirchenamt (LKA)* in Kassel verwaltet die Landeskirche. Das leitende Kollegium des LKA steht unter dem Vorsitz des *Bischofs*. Weiter gehören dazu der *Prälat* (als Stellvertreter des Bischofs), der (juristische) *Vizepräsident*, die *Oberlandeskirchenräte* und *Landeskirchenräte*.

Lippe

Die ***Lippische Landeskirche*** ist eine reformierte Kirche (mit lutherischen Klassen, s.u.) auf dem Gebiet des ehemaligen Fürstentums Lippe-Detmold, heute im Land Nordrhein-Westfalen, mit rd. 210.000 Mitgliedern in 71 Kirchengemeinden.

Die *Ev.-reformierten* und die *Ev.-lutherischen Kirchengemeinden* werden vom *Kirchenvorstand* mit den *Kirchenältesten* und den *Pfarrern* als Mitglieder geleitet.

Den *Klassen* (Kirchenkreisen) stehen als Leitungsorgane der *Klassentag*, der *Klassenvorstand* und der *Superintendent* vor.

Die Leitungsorgane der *Landeskirche* sind die *Landessynode* mit dem *Präses* als Vorsitzenden, der *Landeskirchenrat*, dem der *Vorstand der Landessynode*, weitere *Landessynodale*, der *Landessuperintendent* und *Mitglieder des Landeskirchenamtes* angehören.

Die Verwaltung liegt beim *Landeskirchenamt (LKA)* in Lemgo. Das Kollegium des LKA steht unter dem Vorsitz des *Landessuperintendenten*. Die leitenden Mitarbeiter im Landeskirchenamt führen die Amtsbezeichnung *Kirchenrat*.

Mecklenburg

Die ***Evangelisch-Lutherische Landeskirche Mecklenburgs*** ist eine zur ‣ **VELKD** gehörende Landeskirche. Sie umfasst das Gebiet der ehemaligen mecklenburgischen Großherzogtümer, heute im Land Mecklenburg-Vorpommern, dazu in den Ländern Schleswig-Holstein und Brandenburg, mit rd. 236.000 Mitgliedern in 338 Kirchgemeinden.

Die *Kirchgemeinde* wird vom *Kirchgemeinderat (KGR)* mit den *Kirchenältesten* und den *Pastoren* als Mitglieder geleitet.

Mehrere Kirchgemeinden sind zu einer Dienstgemeinschaft, der *Propstei*, zusammengeschlossen. Die Propstei hat die *Propsteisynode* und den *Propst* an der Spitze.

Die fünf *Kirchenkreise* umfassen mehrere Propsteien. Sie werden vom *Kirchenkreisrat* und dem *Landessuperintendenten* geleitet.

Die Leitungsorgane der *Landeskirche* sind die *Landessynode* mit dem *Präses* als Vorsitzenden, die *Kirchenleitung,* der der *Landesbischof* als Vorsitzender, der *Präses der Landessynode* mit fünf weiteren *Landessynodalen*, der *Präsident* und drei *Mitglieder des Oberkirchenrates* und ein *Landessuperintendent* angehören.

Die Verwaltung der Landeskirche (mit Kirchenleitungsfunktionen) liegt beim *Oberkirchenrat* in Schwerin unter dem Vorsitz des *Präsidenten des Oberkirchenrates*. Zum Kollegium des Oberkirchenrates gehören auch der *Landesbischof* und die

Oberkirchenräte. Weitere leitende Mitarbeiter führen die Amtsbezeichnung *Kirchenrat*.

Nordelbien

Die ***Nordelbische Evangelisch-Lutherische Kirche*** ist ein zur ‣ **VELKD** gehörender 1977 erfolgter Zusammenschluss der Ev.-lutherischen Kirchen im Hamburgischen Staate, von Schleswig-Holstein, Lübeck und Eutin, dazu des Kirchenkreises Harburg (zuvor zu Hannover gehörend). Sie liegt weitgehend auf dem Gebiet des Landes Schleswig-Holstein und der Freien und Hansestadt Hamburg mit rd. 2,28 Mill. Mitgliedern in 658 Kirchengemeinden.

Die *Kirchengemeinde* wird vom *Kirchenvorstand* mit den *Kirchenvorstehern* und den *Pastoren* geleitet.

Dem *Kirchenkreis* stehen die *Kirchenkreissynode*, der *Kirchenkreisvorstand* und der *Propst* vor.

Die drei *Sprengel* der *Landeskirche* Hamburg, Schleswig und Lübeck werden von einem *Bischof* und dem *Sprengelbeirat* geleitet.

Oberstes Leitungsorgan der Landeskirche ist die *Synode* mit dem *Präsidenten* an der Spitze. Der *Kirchenleitung* in Kiel gehören die *Bischöfe* von Hamburg, Schleswig und Lübeck und zehn *Synodale* an, dazu beratend der *Präsident der Synode* und der *Präsident des Nordelbischen Kirchenamtes*.

Verwaltet wird die Landeskirche vom *Nordelbischen Kirchenamt* in Kiel. Dessen Kollegium steht unter der Leitung eines *Präsidenten*. Weitere Mitglieder des Kollegiums sind die *Oberkirchenräte*. Leitende Funktionen in der Verwaltung haben auch die *Kirchenräte*.

Oldenburg

Die ***Evangelisch-Lutherische Kirche in Oldenburg,*** eine zur ‣ **VELKD** gehörende Landeskirche, umfasst das Gebiet des ehemaligen Großherzogtums Oldenburg im Bundesland Niedersachen mit rd. 480.000 Mitgliedern in 122 Kirchengemeinden.

Die *Kirchengemeinden* werden von einem *Gemeindekirchenrat (GKR)* mit den gewählten *Kirchenältesten* und den *Pfarrern* als Mitglieder geleitet. Die Geschäftsführung des GKR liegt beim *Kirchenvorstand*.

Leitungsorgane des Kirchenkreises sind die *Kreissynode*, der *Kreiskirchenrat* und der *Kreispfarrer*.

Die Leitungsorgane der *Landeskirche* sind die *Synode* unter dem Vorsitz des *Präsi-*

denten und der *Synodalausschuss* als ständige Vertretung der Synode.
Der *Ev.-luth. Oberkirchenrat* in Oldenburg mit dem Kollegium unter dem Vorsitz des *Bischofs* und mit den *Oberkirchenräten* als Mitglieder leitet und verwaltet zusammen mit dem *Synodalausschuss* die Landeskirche.

Pfalz

Die ***Evangelische Kirche der Pfalz (Protestantische Landeskirche)*** ist eine unierte Landeskirche mit einem unierten Bekenntnis auf dem Gebiet der früheren bayerischen Pfalz, heute vor allem in den Ländern Rheinland-Pfalz und Saarland. Sie hat rd. 644.000 Mitglieder in 431 Kirchengemeinden.
Die *Kirchengemeinde* wird vom *Presbyterium* mit den *Presbytern* und *Pfarrern* als Mitglieder geleitet.
Dem *Kirchenbezirk* stehen als Leitungsorgane die *Bezirkssynode*, geleitet von einem *Vorsitzenden*, dem ein *Senior* zur Seite steht, der *Bezirkskirchenrat* und der *Dekan* vor.
Die Leitungsorgane der *Landeskirche* sind die *Landessynode* mit dem *Synodalpräsidenten* an der Spitze und die *Kirchenregierung*, bestehend aus dem *Kirchenpräsidenten* als Vorsitzenden, seinem *Stellvertreter*, einem geistlichen und einem weltlichen *Mitglied des Landeskirchenrates* und neun *Landessynodalen*, der *Landeskirchenrat* unter Vorsitz des *Kirchenpräsidenten* und mit fünf *Oberkirchenräten* als Mitglieder.
Verwaltet wird die Landeskirche vom *Landeskirchenrat* in Speyer. Das Kollegium des Landeskirchenrates steht unter Leitung des *Kirchenpräsidenten*. Mitglieder sind zudem die *Oberkirchenräte*. Weitere *Kirchenräte* haben leitende Funktionen in der Verwaltung inne.

Pommern

Die ***Pommersche Evangelische Kirche*** ist eine zur ‣ **EKU** (und zum ‣ **Luth. Weltbund**) gehörende unierte Landeskirche. Sie liegt auf dem bei Deutschland gebliebenen Gebiet der ehemaligen preußischen Provinz Pommern (Vorpommern), heute in den Ländern Mecklenburg-Vorpommern und Brandenburg mit 131.000 Mitgliedern in 314 Kirchengemeinden.
Die *Kirchengemeinde* wird vom *Gemeindekirchenrat (GKR)* mit den *Ältesten* und den *Pfarrern* als Mitglieder geleitet. Mehrere Kirchengemeinden mit einem gemeinsamen Pfarramt bilden einen *Pfarrsprengel*.

Dem *Kirchenkreis* stehen als Leitungsorgane die *Kreissynode*, der *Kreiskirchenrat* und der *Superintendent* vor.
Mehrere Kirchenkreise bilden einen *Sprengel* unter Leitung eines *Propstes*.
Die Leitungsorgane der *Landeskirche* sind die *Landessynode* mit einem *Präses* als Vorsitzenden und die *Kirchenleitung*, zu der der *Bischof* als Vorsitzender, ein *Propst* als dessen Stellvertreter, der *Konsistorialpräsident*, der *Präses* und *Mitglieder der Landessynode* gehören.
Verwaltet wird die Landeskirche vom *Ev. Konsistorium* in Greifswald. Das Kollegium des Konsistoriums wird vom (juristischen) *Konsistorialpräsidenten* geleitet. Weitere Mitglieder sind die *Oberkonsistorialräte* und *Konsistorialräte*.

Reformierte Kirche

Die ***Evangelisch-reformierte Kirche (Synode ev.-ref. Kirchen in Bayern und Nordwestdeutschland)*** ist eine zum ‣ **Reformierten Bund** gehörende Landeskirche. Das Kirchengebiet liegt überwiegend in Nordwestdeutschland, dazu kommen einzelne Gemeinden vor allem in Bayern. Sie hat rd. 197.000 Mitglieder in 142 Kirchengemeinden.
Die *Kirchengemeinde* wird vom *Kirchenrat* oder dem *Presbyterium* mit den *Kirchenältesten* oder *Presbytern* und den *Pastoren* als Mitglieder geleitet.
Mehrere Kirchengemeinden bilden einen der elf *Synodalverbände* unter Leitung eines *Moderamens* mit einem *Präses* als Vorsitzenden.
Die Leitungsorgane der *Landeskirche* sind die *Gesamtsynode (Kirchenleitung)* unter dem Vorsitz des *Präses*. Dem *Moderamen* als ständige Vertretung der Gesamtsynode unter Leitung des *Landessuperintendenten* gehören außerdem der *Präsident des Synodalrates* und weitere *Synodale* an.
Verwaltet wird die Landeskirche vom *Synodalrat* in Leer (Ostfriesland) mit dem *Landessuperintendenten* und einem juristischen *Präsidenten* und zwei *Synodalen* an der Spitze.

Rheinland

Die ***Evangelische Kirche im Rheinland*** ist eine zur ‣ **EKU** gehörende unierte Landeskirche auf dem Gebiet der ehemaligen preußischen Rheinprovinz, heute vor allem im Land Rheinland-Westfalen, teilweise auch im Land Rheinland-Pfalz und im Saarland mit rd. 3,07 Mill. Mitgliedern in 824 jeweils lutherischen, reformierten oder unierten Kirchengemeinden.

Die *Kirchengemeinde* wird von einem *Presbyterium* mit den gewählten *Presbytern* und den *Pfarrern* und *Gemeindemissionaren* (Verwalter des Pfarramtes) als Mitglieder geleitet. Der *Kirchmeister*, ein Presbyter, ist vor allem für die Finanz- und Bauangelegenheiten der Kirchengemeinde zuständig.
Dem *Kirchenkreis* stehen als Leitungsorgane die *Kreissynode* mit dem *Kreissynodalvorstand* und dem *Superintendenten* vor.
Die Leitungsorgane der *Landeskirche* sind die *Landessynode* mit dem *Präses* an der Spitze, das *Präsidium* der *Landessynode* und die *Kirchenleitung*. Zur Kirchenleitung gehören der *Präses*, sechs hauptamtliche *Oberkirchenräte* und neun *nebenamtliche Mitglieder*. Der *Präses* hat bischöfliche Funktionen.
Verwaltet wird die Landeskirche vom *Landeskirchenamt* in Düsseldorf. Dessen Leitungsgremium ist das Kollegium, bestehend aus dem *Präses*, dem (theologischen) *Vizepräses*, dem (juristischen) *Vizepräsidenten* und sechs *Oberkirchenräten* (Abteilungsleitern), dazu *Landeskirchenräten* als deren Stellvertreter.

Sachsen
Die ***Evangelisch-Lutherische Landeskirche Sachsens*** ist eine zur ‣ **VELKD** gehörende Landeskirche auf dem Gebiet des ehemaligen Königreiches Sachsen, heute im Freistaat Sachsen mit rd. 974.000 Mitgliedern in 978 Kirchgemeinden.
Die *Kirchgemeinde* wird vom *Kirchenvorstand* mit den *Kirchenvorstehern* und den *Pfarrern* als Mitglieder geleitet.
Dem *Kirchenbezirk* stehen als Leitungsorgane die *Kirchenbezirkssynode*, der *Kirchenbezirksvorstand* und der *Superintendent* vor.
Mehrere Kirchenbezirke sind zu einer der fünf *Regionen* (*Kirchenamtsratsstellen*) zusammengeschlossen, die von einem (juristischen) *Kirchenamtsrat* geleitetet werden.
Die Leitungsorgane der *Landeskirche* sind die *Landessynode* mit einem *Präsidenten* als Vorsitzenden und die *Kirchenleitung*, zu der der *Landesbischof* als Vorsitzender, der *Präsident* der *Landessynode* und weitere *Landessynodale*, der *Präsident* und *Mitglieder des Landeskirchenamtes* gehören.
Die Landeskirche wird vom *Landeskirchenamt (LKA)* in Dresden verwaltet. Zum Kollegium des LKA unter dem Vorsitz des *Präsidenten* gehören weitere theologische und juristische Mitglieder, die die Amtsbezeichnung *Oberlandeskirchenrat* und *Oberkirchenrat* führen.

Schaumburg-Lippe

Die ***Evangelisch-Lutherische Landeskirche Schaumburg-Lippe*** ist eine zur ‣ **VELKD** gehörende Landeskirche auf dem Gebiet des ehemaligen Fürstentums Schaumburg-Lippe, heute im südwestlichen Teil des Landes Niedersachsen gelegen, mit rd. 66.000 Mitgliedern in 22 Kirchengemeinden.

Die *Kirchengemeinde* wird vom *Gemeindekirchenrat* mit den *Gemeindekirchenratsmitgliedern* und den *Pfarrern* geleitet. Der GKR wählt den *Kirchenvorstand* aus seiner Mitte.

Die zwei *Kirchenbezirke* werden von *Superintendenten*, die beiden *Kirchengemeinden* Bückeburg und Stadthagen von *Oberpredigern* geleitet. Der *Oberprediger von Bückeburg* ist zugleich der *Landesbischof*.

Die Leitungsorgane der *Landeskirche* sind die *Landessynode* mit dem *Präsidenten* an der Spitze und der *Landeskirchenrat*, dem der *Landesbischof* als Vorsitzender, sein *Vertreter in geistlichen Angelegenheiten*, der *Präsident des Landeskirchenamtes*, der *Präsident der Landessynode* und vier *Landessynodale* angehören.

Verwaltet wird die Landeskirche vom *Landeskirchenamt* in Bückeburg. Zu dessen leitendem Kollegium gehören der *Präsident des Landeskirchenamtes*, der *Bischof* und ein (theologischer) *Oberkirchenrat,* dazu mit beratender Stimme ein *Verwaltungsoberrat*.

Schlesische Oberlausitz

Die ***Evangelische Kirche der schlesischen Oberlausitz*** ist eine zur ‣ **EKU** gehörende unierte Landeskirche. Sie umfasst das Gebiet der ehemaligen preußischen Kirchenprovinz Schlesien westlich der Neiße im Freistaat Sachsen und im Land Brandenburg mit rd. 69.000 Mitgliedern in 73 Kirchengemeinden.

Die *Kirchengemeinde* wird vom *Gemeindekirchenrat (GKR)* mit den *Ältesten*, *Vertretern der Mitarbeiterschaft* und den *Pfarrern* als Mitglieder geleitet. Mehrere Kirchengemeinden können einen gemeinsamen GKR bilden.

Dem *Kirchenkreis* stehen als Leitungsorgane die *Kreissynode*, der *Kreiskirchenrat* und der *Superintendent* vor.

Die Leitungsorgane der *Landeskirche* sind die *Provinzialsynode* mit einem *Präses* als Vorsitzenden und die *Kirchenleitung*, der der *Bischof* als Vorsitzender, der *leitende theologische* und der *leitende juristische Oberkonsistorialrat*, der *Präses* und *sechs Mitglieder der Provinzialsynode* angehören.

Verwaltet wird die Landeskirche vom *Ev. Konsistorium* in Görlitz. Dem Kollegium des Konsistoriums gehören der *Bischof* als Vorsitzender, dazu der juristische und der theologische *Oberkonsistorialrat* an.

Thüringen

Die ***Evangelisch-Lutherische Kirche in Thüringen*** ist eine zur ‣ **VELKD** gehörende Landeskirche auf dem Gebiet der ehemaligen thüringischen (Groß-) Herzogtümer und Fürstentümer, heute im Land Thüringen, mit rd. 522.000 Mitgliedern in 1408 Kirchgemeinden.

Die *Kirchgemeinde* wird vom *Gemeindekirchenrat (GKR)* mit den *Kirchenältesten* und den *Pfarrern* geleitet.

Der *Superintendentur* stehen als Leitungsorgane die *Kreissynode*, das *Präsidium der Kreissynode* und der *Superintendent* vor.

Mehrere Superintendenturen bilden einen der drei *Aufsichtsbezirke* unter der Leitung eines *Oberkirchenrates* als *Visitator*.

Die Leitungsorgane der *Landeskirche* sind die *Landessynode* mit dem *Landesbischof* und dem geschäftsführenden *Präsidenten der Landessynode* als dessen Stellvertreter an der Spitze.

Geleitet und verwaltet wird die Landeskirche (in der Einheit von Leitung und Verwaltung) vom Kollegium des *Landeskirchenrates* mit dem *Landesbischof* als Vorsitzenden. Weitere Mitglieder des Landeskirchenrates sind die *Visitatoren* und die *Oberkirchenräte*. Die *Oberkirchenräte* sind zugleich die Dezernenten des die Landeskirche verwaltenden *Landeskirchenamtes* in Eisenach.

Westfalen

Die ***Evangelische Kirche von Westfalen*** ist eine zur ‣ **EKU** gehörende unierte Landeskirche auf dem Gebiet der ehemaligen preußischen Provinz Westfalen, heute im Land Nordrhein-Westfalen, mit rd. 2,8 Mill. Mitgliedern in 655 Kirchengemeinden.

Die *Kirchengemeinde* wird von einem *Presbyterium* mit den *Presbytern* und den *Pfarrern* oder den die Pfarrstelle verwaltenden *Predigern* als Mitglieder geleitet. Der *Kirchmeister* ist das vor allem für die Finanzen und die Bauangelegenheiten verantwortliche Mitglied des Presbyteriums.

Dem *Kirchenkreis* stehen als Leitungsorgane die *Kreissynode* mit dem *Kreissynodalvorstand* und der *Superintendent* vor.

Die Leitungsorgane der *Landeskirche* sind die *Landessynode* und die *Kirchenleitung*, beide mit dem *Präses* als Vorsitzenden, der bischöfliche Funktionen hat. Weiter gehören zur Kirchenleitung ein theologischer und ein juristischer *Vizepräsident* und drei weitere hauptamtliche geistliche *Oberkirchenräte* des Landeskirchenamtes und weitere *Mitglieder der Landessynode.*

Verwaltet wird die Landeskirche vom *Landeskirchenamt (LKA)* in Bielefeld.

Zum Kollegium des LKA gehören der *Präses* als Vorsitzender, der theologische und der juristische *Vizepräsident* und die *Oberkirchenräte.*

Württemberg

Die ***Evangelische Landeskirche in Württemberg*** ist eine lutherische Landeskirche auf dem Gebiet des ehemaligen Königreiches Württemberg, heute im Land Baden-Württemberg, mit rd. 2,4 Mill. Mitgliedern in 1426 Kirchengemeinden.

Die *Kirchengemeinde* wird vom *Kirchengemeinderat (KGR)* mit den *Kirchengemeinderäten* und den *Pfarrern* als Mitglieder geleitet.

Dem Kirchenbezirk stehen als Leitungsorgane die *Bezirkssynode*, der *Kirchenbezirksausschuss* und der *Dekan* vor.

Mehrere Kirchenkreise bilden eine der fünf *Prälaturen* mit einem *Prälaten* an der Spitze.

Die Leitungsorgane der *Landeskirche* sind die *Landessynode* mit dem *Präsidenten* als Vorsitzenden, der *ständige Ausschuss der Landessynode* und der *Landeskirchenausschuss* unter dem Vorsitz des *Landesbischofs,* zu dem der *Präsident der Landessynode* und weitere *Landessynodale* als Mitglieder gehören.

Verwaltet wir die Landeskirche vom *Ev. Oberkirchenrat (EOK)* in Stuttgart. Zum Kollegium des EOK gehören der *Landesbischof* als Vorsitzender, die *Prälaten*, und die *Oberkirchenräte*. Weitere leitende Mitarbeiter in der Verwaltung der Landeskirche sind die *Kirchenräte.*

1.3.4 Die einzelnen Landeskirchen – schematischer Überblick

Landeskirche	Untere Ebene	1. Mittlere Ebene
Evangelische Landeskirche Anhalts 66.000 Mitglieder 196 Kirchengemeinden	Kirchengemeinde Gemeindekirchenrat Älteste Pfarrer	Kirchenkreis Vorstand der Kreissynode Kreisoberpfarrer
Evangelische Landeskirche in Baden 1,33 Mill. Mitglieder 552 Kirchengemeinden	Pfarrgemeinde mit Ältestenkreis Kirchengemeinde mit Kirchengemeinderat Älteste, Pfarrer	Kirchenbezirk (Dekanat) Bezirkssynode Bezirkskirchenrat Dekan Schuldekan
Evangelisch-Lutherische Kirche in Bayern 2,7 Mill. Mitglieder 1531 Kirchengemeinden	Kirchengemeinde Kirchenvorstand Kirchenvorsteher Pfarrer	Dekanatsbezirk Dekanatssynode Dekanatsausschuss Dekan
Evangelische Kirche in Berlin-Brandenburg 1,3 Mill. Mitglieder 1725 Kirchengemeinden	Kirchengemeinde Gemeindekirchenrat Älteste Pfarrer	Kirchenkreis Kreissynode Superintendent (oder Leitungskollegium)
Evangelisch-lutherische Landeskirche in Braunschweig 441.000 Mitglieder 416 Kirchengemeinden	Kirchengemeinde Kirchenvorstand Kirchenverordnete Pfarrer	Propstei Propsteisynode Propsteivorstand Propst

2. Mittlere Ebene	Obere Ebene	Verwaltung
	Landeskirche, Landessynode (Vorsitz: Präses) Kirchenleitung Landeskirchenrat Kirchenpräsident	Landeskirchenrat in Dessau Kirchenpräsident Oberkirchenräte
Kirchenkreis (Prälatur) Prälat	Landeskirche Landessynode (Vorsitz: Präsident) Landeskirchenrat Kollegium des Oberkirchenrates Landesbischof Oberkirchenräte, Prälaten	Ev. Oberkirchenrat in Karlsruhe Landesbischof (Prälaten) Oberkirchenräte Kirchenräte
Kirchenkreis Kreisdekan (Regionalbischof)	Landeskirche Landessynode (Vorsitz: Präsident) Landessynodalausschuss Landeskirchenrat Landesbischof Landeskirchenräte	Landeskirchenamt in München Landesbischof Oberkirchenräte Kirchenräte
Sprengel (Generalsuperintendentur) Generalsuperintendent	Landeskirche Landessynode (Vorsitz: Präses) Kirchenleitung Bischof (Moderator)	Ev. Konsistorium Berlin-Brandenburg in Berlin Konsistorialpräsident Propst Oberkonsistorialräte Konsistorialräte
	Landeskirche Landessynode (Vorsitz: Präsident) Kirchenregierung Landesbischof	Landeskirchenamt in Wolfenbüttel Oberlandeskirchenräte

Landeskirche	Untere Ebene	1. Mittlere Ebene
Bremische Evangelische Kirche 264.000 Mitglieder 72 Kirchengemeinden	Kirchengemeinde Kirchenvorstand Kirchenvorsteher Verwaltende Bauherren Pastor	
Evangelisch-lutherische Landeskirche Hannovers 3,21 Mill. Mitglieder 1398 Kirchengemeinden	Kirchengemeinde Kirchenvorstand Kirchenvorsteher Pfarrer	Kirchenkreis Kirchenkreistag Kirchenkreisvorstand Superintendent (Propst)
Evangelische Kirche in Hessen und Nassau 1,89 Mill. Mitglieder 1184 Kirchengemeinden	Kirchengemeinde Kirchenvorstand Kirchenvorsteher Pfarrer	Dekanat Dekanatssynode Dekanatssynodalvorstand Dekan
Evangelische Kirche der Kirchenprovinz Sachsen 564.000 Mitglieder 2.102 Kirchengemeinden	Kirchengemeinde Gemeindekirchenrat Älteste Pfarrer	Kirchenkreis Kreiskirchenrat Superintendent (Senior)

2. Mittlere Ebene	Obere Ebene	Verwaltung
	Landeskirche Kirchentag (Vorsitz: Präsident) Kirchenausschuss mit Präsident, Vizepräsident, Schatzmeister und Schriftführer (Repräsentant der Landeskirche)	Kirchenkanzlei in Bremen unter Leitung eines Juristen
Sprengel Landessuperintendent	Landeskirche Landessynode (Vorsitz: Präsident) Landessynodalausschuss Kirchensenat Landesbischof Bischofsrat	Landeskirchenamt in Hannover Landesbischof Vizepräsident Oberlandeskirchenräte Oberkirchenräte
Propstei Propst	Landeskirche Kirchensynode (Vorsitz: Präses) Kirchensynodalvorstand Kirchenleitung Leitendes Geistliches Amt (Kirchenpräsident, Stellvertreter des Kirchenpräsidenten, Pröpste)	Kirchenverwaltung in Darmstadt Kirchenpräsident Leiter der Kirchenverwaltung Oberkirchenräte Kirchenräte
Propsteisprengel Propst	Landeskirche Provinzialsynode (Vorsitz: Präses) Kirchenleitung Bischöfliches Amt (Bischof, Pröpste)	Ev. Konsistorium in Magdeburg Konsistorialpräsident Oberkonsistorialräte Konsistorialräte

Landeskirche	Untere Ebene	1. Mittlere Ebene
Evangelische Kirche von Kurhessen-Waldeck 1 Mill. Mitglieder 970 Kirchengemeinden	Kirchengemeinde Kirchenvorstand Kirchenälteste Pfarrer	Kirchenkreis Kreissynode Kirchenkreisvorstand Dekan
Lippische Landeskirche 210.000 Mitglieder 71 Kirchengemeinden	Kirchengemeinde Kirchenvorstand Kirchenälteste Pfarrer	Klasse Klassentag Klassenvorstand Superintendent
Evangelisch-Lutherische Landeskirche Mecklenburgs 236.000 Mitglieder 338 Kirchgemeinden	Kirchgemeinde Kirchgemeinderat Kirchenälteste Pastor	Propstei Propsteisynode Propst
Nordelbische Evangelisch-Lutherische Kirche 2,28 Mill. Mitglieder 658 Kirchengemeinden	Kirchengemeinde Kirchenvorstand Kirchenvorsteher Pastor	Kirchenkreis Kirchenkreissynode Kirchenkreisvorstand Propst
Evangelisch-Lutherische Kirche in Oldenburg 480.000 Mitglieder 122 Kirchengemeinden	Kirchengemeinde Gemeindekirchenrat Kirchenvorstand Kirchenälteste Pfarrer	Kirchenkreis Kreissynode Kreiskirchenrat Kreispfarrer
Evangelische Kirche der Pfalz (Protestantische Landeskirche) 644.000 Mitglieder 431 Kirchengemeinden	Kirchengemeinde Presbyterium Presbyter Pfarrer	Kirchenbezirk Bezirkssynode Bezirkskirchenrat Dekan

2. Mittlere Ebene	Obere Ebene	Verwaltung
Sprengel Propst	Landeskirche Landessynode (Vorsitz: Präses) Rat der Landeskirche Bischof	Landeskirchenamt in Kassel Bischof Prälat Vizepräsident Oberlandeskirchenräte Landeskirchenräte
	Landeskirche Landessynode (Vorsitz: Präses) Landeskirchenrat Landessuperintendent	Landeskirchenamt in Lemgo Landessuperintendent Kirchenräte
Kirchenkreis Kirchenkreisrat Landessuperintendent	Landeskirche Landessynode (Vorsitz: Präses) Kirchenleitung Landesbischof	Oberkirchenrat in Schwerin Präsident Oberkirchenräte Kirchenräte
Sprengel Sprengelbeirat Bischof	Landeskirche Synode (Vorsitz: Präsident) Kirchenleitung Bischöfe	Nordelbisches Kirchenamt in Kiel Präsident Oberkirchenräte Kirchenräte
	Landeskirche Synode (Vorsitz: Präsident) Synodalausschuss Kollegium des Ev.-luth. Oberkirchenrates (Bischof, Oberkirchenräte)	Ev.-luth. Oberkirchenrat in Oldenburg Bischof Oberkirchenräte Kirchenräte
	Landeskirche Landessynode (Vorsitz: Synodalpräsident) Kirchenregierung Landeskirchenrat Kirchenpräsident	Landeskirchenrat in Speyer Kirchenpräsident Oberkirchenräte Kirchenräte

Landeskirche	Untere Ebene	1. Mittlere Ebene
Pommersche Evangelische Kirche 131.000 Mitglieder 314 Kirchengemeinden	Kirchengemeinde Gemeindekirchenrat Älteste Pfarrer Pfarrsprengel	Kirchenkreis Kreissynode Kreiskirchenrat Superintendent
Evangelisch-reformierte Kirche (Synode ev.-ref. Kirchen in Bayern und Nordwestdeutschland) 197.000 Mitglieder 142 Kirchengemeinden	Kirchengemeinde Kirchenrat (Presbyterium) Kirchenälteste (Presbyter) Pastor	Synodalverband Moderamen Präses
Evangelische Kirche im Rheinland 3,07 Mill. Mitglieder 824 Kirchengemeinden	Kirchengemeinde Presbyterium Presbyter Kirchmeister Pfarrer (Gemeindemissionar)	Kirchenkreis Kreissynode Kreissynodalvorstand Superintendent
Evangelisch-Lutherische Landeskirche Sachsens 974.000 Mitglieder 978 Kirchgemeinden	Kirchgemeinde Kirchenvorstand Kirchenvorsteher Pfarrer	Kirchenbezirk Kirchenbezirkssynode Kirchenbezirksvorstand Superintendent
Evangelisch-Lutherische Landeskirche Schaumburg-Lippe 66.000 Mitglieder 22 Kirchengemeinden	Kirchengemeinde Gemeindekirchenrat Kirchenvorstand Gemeindekirchenratsmitglieder Pfarrer	Kirchenbezirk Superintendent oder Oberprediger

2. Mittlere Ebene	Obere Ebene	Verwaltung
Sprengel Propst	Landeskirche Landessynode (Vorsitz: Präses) Kirchenleitung Bischof	Ev. Konsistorium in Greifswald Konsistorialpräsident Oberkonsistorialräte Konsitorialräte
	Landeskirche Gesamtsynode (Kirchenleitung, Vorsitz: Präses) Moderamen Landessuperintendent	Synodalrat in Leer Landessuperintendent Präsident 2 Synodale
	Landeskirche Landessynode (Vorsitz: Präses) Präsidium der Landessynode Kirchenleitung Präses	Landeskirchenamt in Düsseldorf Präses Vizepräses Vizepräsident Oberkirchenräte Landeskirchenräte
(Region Kirchenamtsstellen, Kirchenamtsrat)	Landeskirche Landessynode (Vorsitz: Präsident) Kirchenleitung Landesbischof	Landeskirchenamt in Dresden Präsident Oberlandeskirchenräte Oberkirchenräte
	Landeskirche Landessynode (Vorsitz: Präsident) Landeskirchenrat Landesbischof	Landeskirchenamt in Bückeburg Präsident des Landeskirchenamtes Landesbischof (Theol.) Oberkirchenrat Verwaltungsoberrat

Landeskirche	Untere Ebene	1. Mittlere Ebene
Evangelische Kirche der schlesischen Oberlausitz 69.000 Mitglieder 73 Kirchengemeinden	Kirchengemeinde Gemeindekirchenrat Älteste Pfarrer	Kirchenkreis Kreissynode Kreiskirchenrat Superintendent
Evangelisch-Lutherische Kirche in Thüringen 522.000 Mitglieder 1408 Kirchgemeinden	Kirchgemeinde Gemeindekirchenrat Kirchenälteste Pfarrer	Superintendentur Kreissynode Präsidium der Kreissynode Superintendent
Evangelische Kirche von Wesfalen 2,8 Mill. Mitglieder 655 Kirchengemeinden	Kirchengemeinde Presbyterium Presbyter Kirchmeister Pfarrer	Kirchenkreis Kreissyode Kreissynodalvorstand Superintendent
Evangelische Landeskirche in Württemberg 2,4 Mill. Mitglieder 1426 Kirchengemeinden	Kirchengemeinde Kirchengemeinderat Kirchengemeinderäte Pfarrer	Kirchenbezirk Bezirkssynode Kirchenbezirksausschuss Dekan

2. Mittlere Ebene	Obere Ebene	Verwaltung
	Landeskirche Provinzialsynode (Vorsitz: Präses) Kirchenleitung Bischof	Ev. Konsistorium in Görlitz Bischof Jur. Oberkonsistorialrat Theol. Oberkonsistorialrat
Aufsichtsbezirk Visitator (Oberkirchenrat)	Landeskirche Landessynode (Vorsitz: Landesbischof und geschäftsführender Präsident) Landeskirchenrat Landesbischof	Landeskirchenamt in Eisenach Landesbischof Oberkirchenräte
	Landeskirche Landessynode (Vorsitz: Präses) Kirchenleitung Präses	Landeskirchenamt in Bielefeld Präses Theol. Vizepräsident Jur. Vizepräsident Oberkirchenräte Kirchenräte
Prälatur Prälat	Landeskirche Landessynode (Vorsitz: Präsident) Ständiger Ausschuss der Landessynode Landeskirchenausschuss Landesbischof	Ev. Oberkirchenrat in Stuttgart Landesbischof Prälaten Oberkirchenräte Kirchenräte

1.4 Kirchliche Arbeitsfelder, Dienste, Werke und Verbände, Diakonie

Viele kirchliche Arbeitszweige werden durch besondere Dienste und Werke wahrgenommen. Diese sind entweder rechtlich selbstständig oder ein Teilgebiet der landeskirchlichen Arbeit.

Die Dienste und Werke haben sich oft auch in Dachverbänden innerhalb der EKD zusammengeschlossen.

Zu den **kirchlichen Arbeitsfeldern** innerhalb der Landeskirche und auf der Gemeindeebene gehören insbesondere:

- Kirchenmusik mit der Kirchenchor- und Posaunenarbeit, Kirchenmusikschulen
- Religionsunterricht, Religionspädagogische Institute
- Kindergottesdienst
- ‣ **Lektoren**- und ‣ **Prädikantenarbeit**
- Jugend- und Schülerarbeit, ‣ **Studierendengemeinden**
- Frauen-, Männer- und Altenarbeit
- Betreuung von Kriegsdienstverweigerern und Zivildienstleistenden
- Militär- und Polizeiseelsorge
- Aussiedler- und Ausländerarbeit
- Blinden- und Hörgeschädigtendienste
- Ev. Arbeitnehmerschaft und Kirchlicher Dienst in der Arbeitswelt, Handwerkerarbeit, Kirchlicher Dienst auf dem Land
- Sport- und Vereinsarbeit
- volksmissionarische Dienste, Mission und Ökumene, die ‣ **ACK**
- Presse- und Rundfunkarbeit
- Ev. Akademien und Ev. Erwachsenenbildung
- kirchliche Aus-, Fort- und Weiterbildungseinrichtungen
- kirchliche Seminare, Fachschulen, Fachhochschulen und Hochschulen

Weitere kirchliche Arbeitsfelder gehören zur diakonischen Arbeit
(‣ **Diakonie**)

Zu den **nicht landeskirchlich gebundenen Arbeitszweigen** gehören u.a.:

- überregionale Jugendverbände wie der ‣ **CVJM** und der ‣ **VCP**, der Deutsche Jugendverband Entschiedenes Christentum, die ‣ **Studentenmission**
- ‣ **Missionsgesellschaften**

- Bibelgesellschaften
- ‣ **Bibel- und Predigerschulen**
- ‣ **Deutscher Evangelischer Kirchentag**
- Friedensdienste (wie die ‣ **Aktion Sühnezeichen**)
- liturgische Arbeitsgruppen
- ‣ **Kommunitäten und Gemeinschaften**, Bruder- und Schwesternschaften
- die ‣ **ACK,** das ‣ **Gustav-Adolf-Werk**, der ‣ **Ev. Bund**, die Luthergesellschaft
- Pfarrervereine, Pfarrergebetsbruderschaft
- kirchliche Versicherungen
- Verbände einzelner Mitarbeitergruppen

Die **Ausbildung der Pfarrer** beginnt mit dem Studium der Theologie an den Theologischen Fakultäten der Universitäten und in den Kirchlichen Hochschulen in Bethel und Neuendettelsau. Die praktisch-theologische Ausbildung erfolgt in den kirchlichen ‣ **Predigerseminaren**.

Diakonie (‣ Caritas)

Die Diakonie (griechisch Dienst) ist ein Wesenselement der Kirche. Schon in der Urgemeinde gab es die Diakone, deren Aufgabe die gemeindliche Sozialhilfe war. Die Armenfürsorge war seitdem ein fester Bestandteil des kirchlichen Lebens. Die Betreuung von Alten und Kranken gehört zu den ältesten Zweigen der organisierten Fürsorge der Kirche. Aus den Spitälern des Mittelalters entwickelte sich das moderne Altenheim- und Krankenhauswesen.

Das Diakonische Werk

Unter dem Namen *Innere Mission* entstanden im 19. Jahrhundert im evangelischen Deutschland zahlreiche Vereine, Anstalten und Werke, die sich auf örtlicher und überörtlicher Ebene den verschiedensten sozialen Aufgaben widmeten. Dachverband der diakonischen Einrichtungen ist *das Diakonische Werk der Evangelischen Kirche in Deutschland* (mit dem Sitz in Stuttgart). Er entstand als Zusammenschluss des *Hilfswerkes* und der *Inneren Mission*, zunächst unter dem Namen *Diakonisches Werk – Innere Mission und Hilfswerk*, seit 1975 *Diakonisches Werk der EKD*. Zum Diakonischen Werk der EKD gehören die Diakonischen Werke der Landeskirchen und selbstständige diakonische Einrichtungen.

In den Landeskirchen sind die einzelnen Diakonischen Werke entweder rechtlich selbstständig oder den jeweiligen kirchlichen Ebenen wie der Landeskirche, dem Dekanat (Kirchenkreis) und den Kirchengemeinden rechtlich zugeordnet.

Zu den **Aufgabenfeldern der Diakonie** gehören heute u.a.:
- Altenhilfe, Essen auf Rädern
- ambulante Kranken- und Pflegedienste
- Ausbildung, Betreuung und Schulung von Mitarbeitern
- Aussiedler-, Umsiedler- und Ausländerbetreuung
- Bahnhofsmission und Flughafenhilfe
- Beratungsstellen für allgemeine Sozial- und Betreuungsfälle
- Beratungsstellen für Ehe-, Familie-, Lebens- und Erziehungsfragen
- Binnenschiffer- und Seemannsmission
- Gaststättenmitarbeiterbetreuung
- Hospizarbeit
- Kinder- und Jugendbetreuung
- Nichtsesshaftenfürsorge
- Selbsthilfe- und Helfergruppen
- Sucht- und Drogenberatung
- Schuldnerberatung
- Schwangerschaftsberatung
- Sozial-psychiatrische Einrichtungen und Dienste
- ‣ **Stadtmission**
- Telefonseelsorge
- Zivildienstbetreuung und Freiwilliges Soziales Jahr

Zur Diakonie gehören Träger verschiedenster Einrichtungen und Heime, wie
- Alten- und Pflegeheime
- Behindertenheime
- Jugendheime
- Kindergärten und Kinderheime
- Krankenhäuser
- Müttergenesungsheime

Viele dieser Aufgaben werden vom Träger der Einrichtungen und der öffentlichen Hand gemeinsam finanziert.

Dazu kommen die Mutterhäuser der ‣ **Diakonissen** und ‣ **Diakonieschwestern**, verschiedene Ausbildungsstätten für die Mitarbeiter und Mitarbeiterinnen in der Diakonie wie ‣ **Diakonen**- und Diakoninnenschulen, Fachschulen und Fachhochschulen.

Das Diakonische Werk nimmt auch Aufgaben im internationalen Rahmen wahr:
- Entwicklungshilfe ‣ **Brot für die Welt**
- Katastrophenhilfe
- Aktion „Hoffnung für Osteuropa"
- Aktion „Ev. Partnerhilfe"
- Ökumenisches Programm „Kirchen helfen Kirchen"

Zur Diakonie gehören in Deutschland über 90 Fachverbände, 31.000 selbstständige Einrichtungen und 7.000 diakonische Selbsthilfe- und Helfergruppen.
Das Diakonische Werk gehört mit den rd. 402.000 hauptamtlichen Mitarbeitern zu den größten Arbeitgebern in Deutschland. Dazu kommen ebensoviel Ehrenamtliche in den verschiedensten Zweigen der Diakonie.

Weltmission
Die missionarische Arbeit der evangelischen Kirchen wird von selbstständigen Missionswerken wahrgenommen.
Der Dachverband für die Missionswerke innerhalb der EKD ist das Ev. Missionswerk in Deutschland mit dem Sitz in Hamburg.
Größere deutsche Missionswerke sind u.a. die Basler Mission-Deutscher Zweig, das Berliner Missionswerk, die Neukirchener Mission, das Ev. Missionswerk in Südwestdeutschland, das Ev.-Luth. Missionswerk Leipzig, die Gossner Mission, die Herrnhuter Missionshilfe, die Liebenzeller Mission, das Missionswerk der Ev.-Luth. Kirche in Bayern, das Ev.-Luth. Missionswerk in Niedersachsen (Hermannsburg) und die Norddeutsche Mission, dazu die Christoffel-Blindenmission.

1.5 Landeskirchliche Gemeinschaften
Durch die ‣ **Erweckungsbewegungen** im 18. und 19. Jahrhundert entstanden innerhalb der Landeskirchen besondere ‣ **pietistisch** geprägte Gruppen und Gemeinschaften. Ihre Mitglieder gehören zur Landeskirche. Sie treffen sich aber zusätzlich zu besonderen Gemeinschaftsstunden (Bibel- und Gebetsstunden),

gelegentlich auch zu eigenen Gottesdiensten (auch mit Abendmahlsfeiern). Von den Mitgliedern wird ein persönliches Bekenntnis zu Jesus Christus und ein bewusstes Glaubensleben erwartet. Ihre Theologie ist in enger Berührung zur ‣ **Bekenntnisbewegung** ‣ **biblizistisch** bestimmt. Wichtige Begriffe sind Bekehrung, Wiedergeburt und Heiligung. Geleitet werden die Gemeinschaften von hauptamtlichen Predigern, Evangelisten, Gemeinschaftspflegern, Schwestern, aber auch von Laien.

Dachverband der meisten landeskirchlichen Gemeinschaften ist der 1888 gegründete **Gnadauer Gemeinschaftsverband** mit rd. 29 Gemeinschaftsverbänden, 13 Diakonissenmutterhäusern und verschiedenen Werken mit zusammen rd. 30.000 Mitgliedern. Verbreitet sind die landeskirchlichen Gemeinschaften in ganz Deutschland, vor allem aber in Württemberg, in Baden, im Rheinland und in Westfalen.

Zumeist im Gnadauer Verband gibt es übergemeindliche Gemeinschaftsverbände, darunter der **Altpietistische Gemeinschaftsverband** (vor allem in Württemberg), die **Hahnsche Gemeinschaft** (auf Michael Hahn zurückgehend, vor allem in Württemberg), die **Pregitzer Gemeinschaft** (nach dem Gründer Chr. Gottlob Pregitzer genannt, vor allem in Württemberg), in der Verbindung mit der Liebenzeller Mission der **Liebenzeller Gemeinschaftsverband** (vor allem in Südwestdeutschland), die **Landeskirchliche Gemeinschaft Augsburgischen Bekenntnisses – Verein für Innere Mission** (vor allem in Baden), die nach der Ausbildungs- und Tagungsstätte bei Basel genannte **Pilgermission St. Chrischona** (vor allem in Südbaden und in der Schweiz) und die **Gemeinschaft in Christo Jesu** (Lorenzianer), eine auf Hermann Lorenz zurückgehende Gemeinschaft vor allem in Sachsen.

Der **Verband für Jugendbünde für entschiedenes Christentum (EC)** und die **Studentenmission in Deutschland** sind eigenständige Organisationen innerhalb der Gemeinschaftsbewegung.

1.6 Evangelische Kommunitäten

Im 20. Jahrhundert entstanden einige reformatorische ‣ **Kommunitäten**, die z.T. in klosterähnlichen Gemeinschaften, z.T. auch in Wohngemeinschaften von Einzelpersonen und Familien zusammenleben. Sie widmen sich vor allem Aufgaben der geistlichen Zurüstung und Seelsorge mit Tagungsstätten und Außenstationen in verschiedenen Gemeinden.

Dazu gehören die **Ev. Marienschwesternschaft** in Darmstadt, die **Christusbru-**

derschaft Selbitz, die **Communität Casteller Ring**, die **Christusträger** und die **Jesus-Bruderschaft Gnadental.**

Auf ökumenischer Basis wirkt die **Bruderschaft von Taizé**, die mit ihrer Begegnungsstätte Taizé in Südostfrankreich, dem weltweiten Konzil der Jugend und mit der Liturgie der Taizé-Gottesdienste eine besondere Anziehungskraft auf Jugendliche hat.

2. Die reformatorischen Freikirchen

Die Freikirchen (Begriffsbestimmung)

Freikirchen sind zunächst einmal alle Kirchen und ‣ **Denominationen** in den Ländern, in denen eine strenge Trennung von Staat und Kirche besteht, wie etwa in den USA und Frankreich (außer Elsaß-Lothringen).

Im übrigen Europa werden speziell die Kirchen so genannt, die es neben der ev., kath. oder orth. Volkskirche gibt, und die auf eine Trennung von Staat und Kirche selbst Wert legen. Sie sind seit dem 16. Jahrhundert aus verschiedenen Reformationskirchen in dem Bemühen um die Erneuerung urchristlichen Gemeindelebens entstanden und selbstständig geblieben. Im Gegensatz zu den Sekten können zu ihnen ökumenische Beziehungen bestehen.

In Deutschland haben sich die meisten Freikirchen in der Vereinigung Evangelischer Freikirchen (VEF) zusammengeschlossen, die sich als Aufgabe ein besseres Verständnis der Freikirchen untereinander und die Interessenvertretung nach außen zur Aufgabe gemacht hat.

(Adventisten ‣ Siebenten-Tags-Adventisten)

2.1 Altlutherische Kirchen

Im 19. Jahrhundert entstanden im Protest gegen die ‣ **Unionskirchen** selbstständige lutherische Kirchen, häufig auch Altlutheraner genannt. Sie sind streng lutherisch, oft auch ‣ **evangelikal** bestimmt.

Die größte dieser Kirchen ist die Missouri-Synode in den USA mit rd. 2,7 Mill. Mitgliedern.

Zur Internationalen Lutherischen Konferenz (International Lutheran Conference) gehören 26 Kirchen mit rd. 3,2 Mill. Mitgliedern.

In Deutschland ist die größte altlutherische Gemeinschaft die Selbständige Ev.-Lutherische Kirche (SELK) mit rd. 42.000 Mitgliedern. Ihre Kirchengemeinden sind in Superintendenturen unter der Leitung eines Superintendenten zusammengefasst. An der Spitze der Kirche steht ein Bischof. Die SELK ist Mitglied in der ‣ **ACK**.

2.2 Altreformierte Kirche

Die presbyterianisch strukturierte Ev.-altreformierte Kirche in Niedersachsen entstand im 19. Jahrhundert unter konservativer Betonung der reformierten Traditionen in der Grafschaft Bentheim und Ostfriesland. 1923 schloss sie sich als eine Teilsynode der Gereformeerde Kerken in Nederland an. Sie hat rd. 5.000 Mitglieder und gehört zum weltweiten Dachverband Reformierter Ökumenischer Rat (Reformed Ecumenical Council) mit rd. 30 ‣ **Denominationen** und rd. 4,5 Mill. Mitgliedern. Dieser ist Mitglied im ‣ **ÖRK**

2.3 Baptisten – Bund Evangelisch-Freikirchlicher Gemeinden

Der aus der reformatorischen puritanischen Bewegung in England stammende Baptismus entfaltete sich besonders in Nordamerika. In Deutschland entstanden baptistische Gemeinden vor allem im Zuge der ‣ **Erweckungsbewegung** im 19. Jahrhundert.

Gemeindeglied kann werden, wer sich persönlich zum Glauben an Jesus Christus bekennt und die (Wieder-)Taufe empfängt, die durch Untertauchen vollzogen wird. Die Kindertaufe wird abgelehnt. An deren Stelle kann eine Kindersegnung treten. In Deutschland haben die Baptisten einen ‣ **evangelikalen** Charakter.

Nach der Vereinigung mit anderen freikirchlichen Gruppen nennen sich die Baptisten in Deutschland Bund Evangelisch-Freikirchlicher Gemeinden. Er hat rd. 86.000 Mitglieder und ist Mitglied in der ‣ **ACK** und in der ‣ **KEK**.

Weltweit haben die Baptisten rd. 70 Mill. Mitglieder und Anhänger, vor allem in den USA, in Russland, Brasilien und Großbritannien. Ihre Mitgliederzahlen sind weiter zunehmend. Sie sind zusammengeschlossen im Weltbund der Baptisten (Baptist World Alliance). Einzelne baptistische Kirchen gehören dem ‣ **ÖRK** an.

2.4 Böhmische Brüder

Die Ev. Kirche der Böhmischen Brüder entstand 1861 in Böhmen und Mähren aus den reformatorischen Gemeinden in der Tradition der hussitischen Bewegung des Mittelalters. Ihre rd. 270 Gemeinden mit etwa 200.000 Mitgliedern haben eine ‣ **presbyteriale Struktur**. An der Spitze steht die Generalsynode. Verwaltet wird sie vom Synodalrat unter Leitung der Synodalsenioren. Sie ist Mitglied im ‣ **Ref. Weltbund** und im ‣ **ÖRK**.

2.5 Evangelische Brüder-Unität – Herrnhuter Brüdergemeine

Die Ev. Brüderunität ist eine pietistisch geprägte ev. Gemeinschaft im Sinne der ev.-unierten Kirchen. Sie geht zurück auf Nikolaus Graf von Zinzendorf, der 1722 auf seinem Gut Bertelsdorf in der Lausitz Nachfahren der Böhmischen Brüder aufnahm und mit ihnen die Herrnhuter Brüdergemeine gründete. Weltweit breitete sie sich durch ihre Missionsarbeit aus. Weit über ihre Grenzen hinaus bekannt sind die jährlich erscheinenden, in viele Sprachen übersetzten ‣ **Herrnhuter Losungen.**

Die Brüderunität ist ‣ **presbyterial-synodal** verfasst. Ihre Gemeinden sind weltweit in 19 selbstständigen Unitätsprovinzen mit rd. 0,8 Mill. Mitgliedern zusammengeschlossen. Die Gesamtleitung liegt bei der Unitätssynode und dem Unitätsvorstand. Die deutschen, schweizerischen, niederländischen, schwedischen, dänischen und estnischen Gemeinden gehören zur Europäisch-festländischen Brüder-Unität (Herrnhuter Brüdergemeine) mit rd. 25.000 Mitgliedern. Sie ist assoziiertes Mitglied (mit Gaststatus) in der ‣ **EKD** und in der Vereinigung Evangelischer Freikirchen. Ebenfalls gehört sie zur ‣ **ACK** und zum ‣ **ÖRK**.

2.6 Freie evangelische Gemeinden

Die Freien evangelischen Gemeinden sind reformatorische, pietitisch geprägte selbstständige Gemeinden von Menschen, die nach einer persönlichen Glaubensentscheidung für Jesus Christus aktiv das Gemeindeleben nach dem Vorbild des Neuen Testamentes mitgestalten. Die Gemeindeleitung erfolgt durch Älteste und Prediger. Die Gemeinden schlossen sich zum Bund Freier evangelischer Gemeinden zusammen. Weltweiter Dachverband ist der Internationale Bund Freier evangelischer Gemeinden mit rd. 300.000 Mitgliedern. In Deutschland arbeiten die Freien evangelischen Gemeinden in der ‣ **Ev. Allianz** und in der ‣ **ACK** mit. Der ‣ **ÖRK** wird abgelehnt.

2.7 Gemeinde Gottes (Church of God)

Aus der nordamerikanischen ‣ **Pfingstkirche** Church of God kommt in Deutschland die freikirchliche Gemeinde Gottes. In ihren Gottesdiensten wird dem freien Wirken des Heiligen Geistes besonders in Form von spontanen Bekenntnissen, ‣ **Zungenreden**, ‣ **Prophetie** und Gebetsheilungen Raum gegeben. Die über 80 Gemeinden führen keine Mitgliederkartei. Sie werden von Predigern geleitet, die wiederum als Predigerversammlung die Leitung der Gemeinde Gottes als einen eingetragenen Verein in Deutschland innehaben.

2.8 Heilsarmee

Die Heilsarmee, ausgerüstet mit geistlichen Waffen, ging aus der ‣ **Methodistenkirche** hervor. Sie wurde 1865 von William Booth in East-London als missionarische und soziale Vereinigung gegründet. Sie setzt sich besonders für sozial Schwache und Gestrauchelte ein. Die Versammlungen mit Liedern, Gebeten und Glaubenszeugnissen der Mitglieder haben keine festgelegte Form. Taufe und Abendmahl werden nicht gespendet. Mitglieder der Heilsarmee können auch Mitglieder anderer Kirchen sein. Die Gemeinden setzen sich aus Heilssoldaten zusammen, die eine persönliche Erfahrung des Heils haben. Ihre Gemeinden bilden Korps, die von Korpsoffizieren geleitet werden. Ein Divisionsoffizier oder ein Major leitet eine Region, der Kommandeur das nationale Hauptquartier eines Landes. Oberster Befehlshaber der weltweit rd. 3 Mill. Mitglieder zählenden Salvation Army, die ihr internationales Hauptquartier in London hat, ist der General, dem der Hohe Rat mit 82 nationalen Kommandeuren zur Seite steht. Die Heilsarmee hat beim ‣ **ÖRK** den Status einer „befreundeten Organisation". In Deutschland arbeitet die Heilsarmee in der ‣ **Ev. Allianz** und in der ‣ **ACK** mit.

2.9 Mennoniten

Die Gemeinschaft der Mennoniten, genannt nach Menno Simon (1496–1561), ist die älteste reformatorische Freikirche, hervorgegangen aus der Täuferbewegung des 16. Jahrhunderts.

Die Taufe wird erst nach bewusster Glaubensentscheidung der Täuflinge vollzogen. Anerkannt aber wird auch die Kindertaufe in anderen Kirchen. Die Mennoniten betonen ein praktisches Christentum. Als historische Friedenskirche lehnen sie den Kriegsdienst und den Eid ab. Die Gemeinden sind selbstständig. In Deutschland haben sich die Gemeinden mit rd. 20.000 Mitgliedern zum Teil der Arbeitsgemeinschaft Mennonitischer Gemeinden in Deutschland, Körperschaft des öffentliche Rechtes, zusammengeschlossen. Sie arbeitet in der ‣ **Ev. Allianz** und in der ‣ **ACK** mit. Der 1925 erfolgte weltweite Zusammenschluss der Mennoniten zur Mennonitischen Weltkonferenz (Mennonite World

Conference) zählt rd. 860.000 Mitglieder, vor allem in den USA, in Kanada, in den Niederlanden, in Russland und Deutschland. Einige mennonitische Verbände gehören dem ‣ **ÖRK** an.
Verwandt mit den Mennoniten ist die vor allem in den USA vertretene Kirche der Brüder (Church of the Brethren) mit weltweit rd. 200.000 Mitgliedern.

2.10 Methodisten

Der Methodismus ist eine von den Brüdern Wesley im 18. Jahrhundert initiierte englische Frömmigkeitsbewegung. Zunächst blieben die auf Erweckung, Bekehrung und Heiligung Wert legenden Gruppen innerhalb der anglikanischen Kirchen. Später entwickelten sich daraus vor allem in England und in den USA selbstständige reformatorische Kirchengemeinschaften, in denen Luthertum und ‣ **Pietismus** mit englischen Traditionen zusammenkamen. Neben der Pflege eines persönlichen Glaubens steht ein großes soziales Engagement. Pastoren, Predigthelfer und Laienprediger arbeiten in den Gemeinden zusammen.
Die Gemeinden sind in einem Verbund von Konferenzen zusammengeschlossen. Auf der Ortsebene ist es die Bezirkskonferenz. Mehrere von diesen bilden eine von einem Superintendenten geleitete Distriktkonferenz. An der Spitze steht die Zentralkonferenz. Der Bischof hat vorwiegend seelsorgerliche Aufgaben.
Der weltweite Zusammenschluss der Methodisten ist die United Methodist Church mit der Generalkonferenz und dem Weltrat der Methodistischen Kirchen (World Methodist Council) an der Spitze. Zu den Methodisten gehören rd. 20 Mill. Kirchenmitglieder und 50 Mill. Kirchenangehörige.
Die Methodisten gehören zu den Pionieren des ‣ **ÖRK**. In Deutschland steht an der Spitze der Ev.-methodistischen Kirche (EmK) ein Bischof mit Sitz in Frankfurt a.M. Zu ihr gehören rd. 95.000 Kirchenmitglieder und Kirchenangehörige. Sie arbeiten in der ‣ **Ev. Allianz** und in der ‣ **ACK** mit.

2.11 Die Pfingstbewegung

Im Protestantismus neu ist die Pfingstbewegung. Sie hat ihre Wurzeln in den USA vor allem in den baptistischen und methodistischen, in Europa in den lutherischen und reformierten Kirchen. Ihren Niederschlag findet sie in sehr verschiedenen Einzelgemeinden und Gemeindegruppen bis hin zu einer Bischofskirche. In Südamerika, vor allem in Brasilien und Chile, breiten sie sich zur Zeit besonders schnell aus.
Gemeinsam ist die unmittelbare Erfahrung der Wirkungen des Heiligen Geistes

in der Form von ‣ **Zungenreden**, Krankenheilungen durch Gebet und ‣ **Prophetie**. Nach einer Bekehrung führt die Geistestaufe zu einer unmittelbaren Gotteserfahrung. In den Gottesdiensten ist Raum für eine spontane Beteiligung der Anwesenden in freien Gebeten und durch Berichte eigener Glaubenserfahrungen.
Zu der ständig wachsenden Pfingstbewegung gehören zur Zeit etwa 120 Mill. Menschen, nach anderen Schätzungen sogar 480 Millionen. In der Weltpfingstkonferenz haben die Pfingstkirchen seit 1947 ein internationales Forum.
Der Pfingstbewegung verwandt sind etwa 6.000 afrikanische Kirchen mit 20–40 Mill. Mitgliedern. Zum Teil sind die Pfingstkirchen Mitglied im ‣ **ÖRK**.
In Deutschland gehören zur Pfingstbewegung die im Mülheimer Verband (Christlicher Gemeinschaftsverband Mülheim/Ruhr) zusammengeschlossenen Gemeinden, der als Gast in der ‣ **ACK** mitarbeitet. Ein weiterer Zusammenschluss ist der Bund Freikirchlicher Pfingstgemeinden in Deutschland. Beide haben etwa 40.000 Mitglieder. Zu der besonders in den USA verbreiteten Church of God gehört die in Deutschland tätige ‣ **Gemeinde Gottes**. Eine weitere Pfingstkirche ist die Apostolische Kirche urchristlicher Mission.

2.12 Quäker (Religiöse Gesellschaft der Freunde)

Die Religiöse Gesellschaft der Freunde entstand im 17. Jahrhundert in England durch George Fox (1624–1691). Grundlegend für die Quäker ist die Erkenntnis von dem inneren Licht in der Seele eines jeden Menschen als das ewige Wort Gottes. Sie vertreten ein Geistchristentum mit persönlichen Glaubenserfahrungen auf der Grundlage der Bibel, das auf feste Bekenntnisse und Lehrformulierungen verzichtet, ebenso auf Sakramente und jeden Kult. In den Versammlungen, die von Schreibern geleitet werden, steht die schweigende Andacht im Mittelpunkt, jedoch darf jeder das Wort ergreifen. Wegen ihres konsequenten Gewaltverzichtes werden die Quäker zu den „historischen Friedenskirchen" gerechnet. Bekannt wurden sie auch durch ihre umfangreiche Hilfstätigkeit während und nach dem Zweiten Weltkrieg.
Weltweit gehören zu den Quäkern vor allem in Großbritannien, in den USA und in Kenia rd. 200.000 Mitglieder (davon nur einige hundert in Deutschland).

2.13 Siebenten-Tags-Adventisten

Die Gemeinschaft der Siebenten-Tags-Adventisten wird (neuerdings) zu den reformatorischen Freikirchen und nicht mehr zu den ‣ **Sekten** gezählt. Sie hat ihre Anfänge zu Beginn des 19. Jahrhunderts in den USA. Besonderheiten sind eine asketische Grundhaltung, Abgabe des Zehnten vom Einkommen und die strenge Heiligung des Sabbats anstelle des Sonntags. Die Adventisten erwarten als „reformatorische Endzeitgemeinde“ die baldige Wiederkunft Christi. Die Sabbatgottesdienste werden in einer einfachen Liturgie mit einer Predigt gehalten. Zu ihrer Mission gehören neben der Verkündigung ihrer Botschaft auch die Förderung des Bildungs- und Gesundheitswesens. Die Gemeinden sind ‣ **kongregationalistisch** verfasst. Sie haben weltweit rd. 10 Mill. Mitglieder, zu denen etwa 10 Mill. Familienangehörige kommen.

Regionale Zusammenschlüsse einzelner Gemeinden bilden eine der 12 Divisionen. Diese wiederum bilden die Generalkonferenz der Siebenten-Tags-Adventisten (General Conference of Seventh-Day-Adventists) mit einem gewählten Präsidenten an der Spitze.

In Deutschland bestehen 18 regionale Vereinigungen mit rd. 35.000 Mitgliedern in etwa 730 Gemeinden. Sie arbeiten als Gastkirchen in der ‣ **ACK** und in der ‣ **Vereinigung Ev. Freikirchen** mit.

2.14 Waldenser-Kirche

Unter dem Einfluss von Petrus Waldus entstanden ab 1180 in Südfrankreich einzelne Gemeinden, die dem Ideal biblischer Armut und dem allgemeinen Priestertum anhingen. Nach jahrhundertelangen blutigen Verfolgungen konnten sich Restgemeinden nur in Italien in den Hochtälern des Piemont halten. Diese schlossen sich 1532 der schweizerischen Reformation an. Bis heute ist das Gemeindeleben von den reformierten Traditionen bestimmt, verbunden mit reger diakonischer Tätigkeit wie z. B. im „Christlichen Dienst“ in Riesi auf Sizilien. In Rom besitzen die Waldenser eine eigene theologische Hochschule. 1905 gründeten die Waldenser die Chiesa Evangelica Valdese, die ev. Waldenser-Kirche. In ihr gibt es neben den italienischen Gemeinden die von Auswanderern gegründeten Gemeinden in Südamerika. Die Chiesa Evangelica Valdese hat eine presbyteriale Verfassung. Gewählte Älteste leiten die Gemeinden. Die Leitungsorgane der Kirche sind die Regionalversammlungen und die beiden selbstständigen Synoden in Italien und Südamerika. Die Synoden wählen jeweils eine Kirchenleitung, die Tavola Valdese, mit einem hauptamtlichen ‣ **Moderator** an der Spitze. Ihr gehören drei Laien und drei Theologen an.

Zur Waldenser-Kirche gehören rd. 50.000 Mitglieder, davon 20.000 in Südamerika und 30.000 in Italien. Sie ist Mitglied im ‣ **Reformierten Weltbund** und im ‣ **ÖRK**.

3. Die anglikanischen Kirchen

Die anglikanische Kirche entstand in der reformatorischen Bewegung des 16. Jahrhunderts. 1534 beschloss das englische Parlament auf Betreiben von König Heinrich VIII. die rechtliche Loslösung von Rom. In der anglikanischen Kirche verschmolzen katholische und reformatorische Elemente. Die Bischöfe stehen in der ‣ **apostolischen Sukzession**. Vom Bekenntnis her ist die anglikanische Kirche reformatorisch. Die hochkirchlichen Gottesdienste haben jedoch die Struktur der katholischen Messe, ebenso gleichen viele Ausdrucksformen denen in der kath. Kirche (z. B. Messgewänder, Prozessionen). So hat sie auch als „Weg der Mitte" immer eine Brückenfunktion in der Ökumene wahrgenommen.

Das Book of Common Prayer enthält die Gottesdienstordnungen für die Eucharistiefeier, die Ordnungen der ‣ **Kasualgottesdienste** und der Stundengebete, vor allem von Morning Prayer und Evening Prayer (‣ **Even Song**).

Die einzelnen (nationalen) Kirchenprovinzen sind in ihren Formen vielfältig. Die Church of England hat drei Flügel, die „anglokatholische" Richtung der High Church, die vom ‣ **Methodismus** beeinflusste (evangelisch-evangelikale) Low Church und die modernistische, dogmatisch liberale Broad Church. Die einzelnen Kirchengemeinden sind zumeist von einer dieser Richtungen bestimmt.

Die anglikanische Kirche ist vor allem in den Ländern des ehemaligen Britischen Empire vertreten, aber auch in Nordamerika. Sie besteht aus 26 autonomen Nationalkirchen (Kirchenprovinzen) mit 400 Diözesen und rd. 70 Mill. Mitgliedern.

Bindeglied der Nationalkirchen untereinander ist die alle 10 Jahre tagende Lambeth-Konferenz der anglikanischen Bischöfe unter dem Vorsitz des Erzbischofs von Canterbury als Ehrenprimas der anglikanischen Gemeinschaft (Anglican Communion).

Außerhalb Englands sind die einzelnen Nationalkirchen ‣ **Freikirchen** und nennen sich zumeist Protestant Episcopal Church.

Die Church of England ist Staatskirche unter dem Oberhaupt des jeweils regierenden Monarchen. Sie hat unter der Leitung der beiden Erzbischöfe von Canterbury (dem Primas von England) und von York zwei Kirchenprovinzen. In diesen gibt es jeweils eine Generalsynode, an der die Laien voll beteiligt sind. Die 42 Bistümer haben ebenfalls Synoden mit gewählten Mitgliedern. Auch auf der Dekanats- und Ortskirchenebene gibt es jeweils synodale Beratungsorgane.

In der hierarchischen Gliederung folgen den Bischöfen die Dekane an den Bischofskirchen (Chapter-Dean), die Archidiakone, die Landdekane (Rural Dean) und die Pfarrer (Priester), die den Titel Vicar oder an besonderen Kirchen Rector führen. Die Geistlichen werden auch mit Reverend (Rev.) angeredet. In den anglikanischen Kirchen gibt es Priesterinnen und in einzelnen Kirchenprovinzen auch schon Bischöfinnen.

Die anglikanische Kirche hat volle Kirchengemeinschaft mit der Alt-Katholischen Kirche und mit allen evangelischen Kirchen Abendmahlsgemeinschaft. Im ‣ **Ökumenischen Rat der Kirchen (ÖRK)** spielt sie eine bedeutende Rolle.

III. Die katholischen Kirchen

1. ‣ **Katholisch** bedeutet im weiten Sinne die allumfassende, weltweite Kirche, entsprechend dem apostolischen Glaubensbekenntnis an eine heilige katholische (d. h. allgemeine) Kirche.
Im engeren Sinn bezeichnet der Begriff die westliche, lateinische Kirche, die sich in der Kirchenspaltung von 1054 von den östlichen, griechisch-orthodoxen Kirchen trennte. Dazu kommen die mit Rom unierten östlichen Kirchen und die im 19. Jahrhundert entstandenen altkatholischen Kirchen.

2. Die römisch-katholische Kirche

2.1 Die römisch-katholische Kirche erhebt den Anspruch, allein die vollgültige heilige katholische und apostolische Kirche zu repräsentieren.
Sie ist eine hierarchisch gegliederte Weltkirche mit dem Papst in Rom an der Spitze, gefolgt von den Ortskirchen, den Diözesen (Bistümern), jeweils unter der Leitung eines (Erz-)Bischofs, und darunter die Pfarrgemeinden, geleitet von den Priestern und Diakonen. Dem Klerus stehen die Laien als Mitglieder des Volkes Gottes gegenüber.
Ihre Einheit drückt sich auch im gemeinsamen „lateinischen Ritus" der Gottesdienste, vor allem in der ‣ **Eucharistiefeier** (Messe) aus, die in den Muttersprachen gefeiert wird.
Die kath. Kirche hat sieben Sakramente: Taufe, Firmung, Eucharistie (Abendmahl), Priesterweihe, das Bußsakrament, das Sakrament der Ehe und die Krankensalbung (früher die letzte Ölung genannt).
Zur kath. Frömmigkeit gehören die Ohrenbeichte, die Heiligenverehrung, insbesondere die Marienverehrung, Wallfahrten und (abnehmend) Fastenzeiten.
Weltweit hat die röm.-kath. Kirche rd. eine Milliarde Mitglieder in über 2.600 Diözesen. In Deutschland sind es rd. 27 Mill. Mitglieder in 27 Diözesen.
Die röm.-kath. Kirche ist nicht Mitglied im ‣ **Ökumenischen Rat der Kirchen**, hat dort aber einen Beobachterstatus. Sie hat auch keine Eucharistiegemeinschaft (Abendmahlsgemeinschaft) mit den übrigen Kirchen.

2.2 Der Papst und die Kurie

An der Spitze der katholischen Kirche steht der *Papst* als Repräsentant der Einheit der Kirche und als oberste Instanz für alle Glaubens-, Lehr- und Gesetzesfragen. Zusammen mit den Bischöfen steht er in der ‣ **apostolischen Sukzession**. Im 1. Vatikanischen Konzil wurde die Unfehlbarkeit des Papstes in Glaubens- und Sittenangelegenheiten verkündet, sofern er „ex cathedra", das heißt unter ausdrücklicher Inanspruchnahme der Unfehlbarkeit, spricht. Das geschieht sehr selten, bisher lediglich bei der Verkündigung neuer Dogmen.

Die *Kurie* des Vatikans ist ein Beratungsorgan des Papstes, dabei auch die „Regierung" der Weltkirche. Zur Kurie gehören unter anderem das *Staatssekretariat* unter Leitung eines *Kardinalstaatssekretärs*, der *Rat für die öffentlichen Angelegenheiten* (ebenfalls vom *Kardinalstaatssekretär* geleitet). Es gibt 15 *Kurienkongregationen* jeweils unter der Leitung eines *Kardinals*, unter anderem die *Kongregationen* für die *Glaubenslehre*, für die *Heiligsprechungen* und für die *Ostkirchen*. Des weiteren gibt es die *ständigen Sekretariate,* wie das für die *Förderung der Einheit der Christen*, das für die *Nichtglaubenden* und das für die *Laien*. Zu den *Kirchengerichten* gehören die *Apostolische Signatur*, die *Rota* und die *Pönitenziarie* (als Gnadenhof für den innerkirchlichen Bereich).
Bei Vakanz des Papststuhles enden alle Dienste im päpstlichen Haus.

2.3 Die Ortskirchen (Diözesen oder Bistümer)

Die einzelnen *Ortskirchen (Diözesen* oder *Bistümer)* werden zu *Kirchenprovinzen* zusammengefasst. An deren Spitze steht ein *Erzbischof*, dessen Bistum *Erzbistum* heißt. Der Erzbischof ist in der Kirchenprovinz primus inter pares (Erster unter Gleichen). Zudem bilden alle Bischöfe eines Landes eine *Bischofskonferenz* mit einem gewählten Vorsitzenden an der Spitze.
Geleitet werden die Erzbistümer und Bistümer vom *Erzbischof* oder *Bischof* mit dem Recht der alleinigen Entscheidung. Die Verwaltung liegt bei den *(Erz-)Bischöflichen Ordinariaten* (auch *Generalvikariaten*) unter Leitung eines *Generalvikars*. Leitende geistliche Mitarbeiter führen den Titel *Ordinariatsrat*.
Das *(Erz-)Bischöfliche Offizialat* unter Leitung des *Offizials* (vereinzelt auch *Konsistorium* genannt) ist zuständig für die kirchliche Gerichtsbarkeit (u.a. bei Eheannullierungen).
Zudem gibt es verschiedene *diözesane Räte*, deren Bezeichnung, Aufgaben und Struktur nicht einheitlich sind. Dazu gehören das *Domkapitel*, das den Bischof

wählt und berät und z.T. auch ein Mitspracherecht bei der Vermögensverwaltung hat, der *Priesterrat*, der den Bischof in allen Fragen des priesterlichen Lebens und Dienstes berät, der *Diözesanpastoralrat*, auch *Diözesansynodalrat* genannt, der für die Beratung in seelsorgerlichen Fragen zuständig ist. *Der Diözesanrat der Katholiken*, auch *Diözesanversammlung* oder *Katholikenrat* genannt, berät in allgemeinen gesellschaftlichen Fragen. Er besteht aus gewählten und berufenen Vertretern der Dekanate, katholischen Verbänden und weiteren Persönlichkeiten aus Kirche und Gesellschaft.
Die *Kirchensteuervertretung* schließlich berät den Bischof bei der Gestaltung des Haushaltsplanes.

Die Kirchenprovinzen und Bistümer in Deutschland

In Deutschland gibt es sieben Kirchenprovinzen und insgesamt 27 Bistümer.
Die Kirchenprovinzen:
- Bamberg mit Eichstätt, Speyer und Würzburg
- Berlin mit Dresden-Meißen und Görlitz
- Freiburg mit Mainz und Rottenburg-Stuttgart
- Hamburg mit Hildesheim und Osnabrück
- Köln mit Aachen, Essen, Limburg, Münster und Trier
- München und Freising mit Augsburg, Passau und Regensburg
- Paderborn mit Erfurt, Fulda und Magdeburg

2.4 Das Dekanat (Bezirksdekanat)

Das *Dekanat (Bezirksdekanat)* ist eine Zusammenfassung mehrerer Pfarrgemeinden mit dem *Dekan (Bezirksdekan)* und dem *Kammerer* (Stellvertreter des Dekans) an der Spitze. Die *Dekanatsräte* (auch *Dekanatsbezirksräte* genannt) vertreten die Kirche in der Gesellschaft, entwickeln Angebote für bestimmte Zielgruppen im Dekanat und fördern die Zusammenarbeit.

2.5 Die Pfarrgemeinde

Die Leitung der *Pfarrgemeinde (Kirchengemeinde)* liegt beim *Pfarrer*. Ihm zur Seite stehen die *Pfarrgemeinderäte*, die als die gewählten Vertreter der Laien zusammen mit dem *Pfarrer* beratend und beschließend an der Gestaltung des kirchlichen Lebens in der Pfarrgemeinde mitwirken. Der *Stiftungsrat (Verwaltungsrat, Kirchenvorstand)* kümmert sich insbesondere um finanzielle, bauliche und rechtliche Fragen der Pfarrgemeinde.

Mehrere Pfarrgemeinden können sich zu *Seelsorgeeinheiten* mit einem *Seelsorgeteam* zusammenschließen, zu dem vor allem die *Pfarrer*, die ‣ **Diakone** und die ‣ **Pastoral- und Gemeindereferenten** gehören.

2.6 Kirchliche Arbeitsfelder, Dienste, Werke und Verbände, Caritas

Viele kirchliche Arbeitszweige werden durch besondere Dienste, Verbände und Werke wahrgenommen. Diese sind entweder rechtlich selbstständig oder ein Teilgebiet der kirchlichen Arbeit eines Erzbistums oder Bistums.
Die Dienste und Werke haben sich oft auch in Dachverbänden innerhalb Deutschlands zusammengeschlossen.

Zu den kirchlichen Arbeitsfeldern innerhalb der Bistümer und auf der Pfarrgemeindeebene gehören insbesondere:
- Kirchenmusik mit der Kirchenchorarbeit, Kirchenmusikschulen
- Religionsunterricht, Religionspädagogische Institute
- Ministrantenarbeit
- Jugend- und Schülerarbeit, Hochschulgemeinden
- Frauen-, Männer- und Altenarbeit
- Betreuung von Kriegsdienstverweigerern und Zivildienstleistenden
- Militär- und Polizeiseelsorge
- Sport- und Vereinsarbeit
- Presse- und Rundfunkarbeit
- Kath. Akademien und Kath. Bildungswerk
- Ehevorbereitungsseminare
- kirchliche Ausbildungs- und Fortbildungseinrichtungen, Seminare, Fach- und Fachhochschulen, Hochschulen und Universitäten

Die Ausbildung der Priester geschieht an den theologischen Fakultäten der Universitäten und in den Priesterseminaren der Diözesen.
(Weitere kirchliche Arbeitsfelder gehören zur Caritas.)

Viele übergemeindliche Verbände arbeiten eng mit den Pfarrgemeinden zusammen. Dazu gehören u.a.:
- das ‣ **Kolpingwerk**, ursprünglich eine Bildungs- und Aktionsgemeinschaft kath. Handwerker. Heute widmet es sich im breiten Rahmen der kath. Familienarbeit.
- die Deutsche Pfadfinderschaft St. Georg (DPSG), die Pfadfinderinnenschaft

St.Georg (PSG), der Bund Deutscher Katholischer Jugend (BDKJ), die Kath. Junge Gemeinde (KJG)
- der Kath. Deutsche Frauenbund, die Kath. Frauengemeinschaft Deutschland
- die Katholische Arbeitnehmerbewegung (KAB)
- das ‣ **Bonifatiuswerk** zur Unterstützung der Gemeinden in der Diaspora, der Entwicklungsdienst ‣ **Miseror** und die Hilfsorganisation ‣ **Adveniat**, die Katholische Bibelgesellschaft, die ‣ **ACK**

Kirchliche Versicherungen und Verbände einzelner Mitarbeitergruppen gehören ebenfalls zu den Diensten und Arbeitsgruppen der kath. Kirche.

Caritas (‣ Diakonie)

Im *Deutschen Caritasverband (DCV)* mit dem Sitz in Freiburg i. Br. ist die organisierte sozial-karitative Arbeit der kath. Kirchen zusammengefasst.
Der deutsche Caritasverband ist föderativ gegliedert. Zu den Diözesenverbänden gehören die einzelnen Dekanats-, Bezirks-, Kreis- und Ortsverbände. Außerdem gehören dem DCV viele karitative Verbände und Vereinigungen an.

Tätigkeitsfelder der Caritas sind u.a.:
- Altenhilfe, Essen auf Rädern
- ambulante Kranken- und Pflegedienste
- Ausbildung, Betreuung und Schulung von Mitarbeitern
- Aussiedler-, Umsiedler- und Ausländerbetreuung
- Bahnhofsmission und Flughafenhilfe
- Beratungsstellen für allgemeine Sozial- und Betreuungsfälle
- Beratungsstellen für Ehe-, Familien-, Lebens- und Erziehungsfragen
- Hospizarbeit
- Katastrophenhilfe
- Kinder- und Jugendbetreuung
- Sucht- und Drogenberatung
- Schuldnerberatung
- Schwangerschaftsberatung
- sozial-psychiatrische Einrichtungen und Dienste
- Telefonseelsorge

- Wohnungslosenhilfe
- Zivildienst-Betreuung

Zur Caritas gehören Träger verschiedenster Einrichtungen und Heime wie:
- Alten- und Pflegeheime
- Behindertenheime
- Jugendheime
- Kindergärten und Kinderheime
- Krankenhäuser
- Müttergenesungsheime

Insgesamt gehören in Deutschland zur Caritas rd. 478.200 Einrichtungen.
Der Deutsche Caritasverband gehört mit seinen 476.000 hauptamtlichen Mitarbeiterinnen und Mitarbeitern zu den größten Arbeitgebern in Deutschland.
Neben den hauptamtlichen Kräften ist eine außerordentlich große Zahl von Ehrenamtlichen in der Caritas tätig.
Dachorganisation der einzelnen nationalen Caritasverbände ist die *Caritas Internationalis (CI)* mit dem Sitz in Rom.

2.7 Orden und Kongregationen

Mönchisches Leben im Streben nach Vollkommenheit hat die katholische Kirche durch alle Jahrhundert hindurch geprägt. Wenn die Kraft eines Ordens erlahmte, erneuerte er sich immer wieder durch Reformen. Nach einem allgemeinen Niedergang des Ordenswesens im 18. und Anfang des 19. Jahrhunderts ist es seit der Mitte des 19. Jahrhunderts wieder zu vielen Neugründungen gekommen.
Orden sind (zumeist) klösterliche Gemeinschaften, deren Mitglieder die drei Ordensgelübde des Gehorsams, der Armut und der Keuschheit abgelegt haben, nach christlicher Vollkommenheit streben und nach einer Ordensregel leben.
Kongregationen können mit Ordensregeln leben oder aber mit einfachen Gelübden und weniger strengen Regeln das Gemeinschaftsleben gestalten.
Neben den beschaulichen (kontemplativen) Orden, die sich vor allem dem Gebet widmen, gibt es tätige Orden und Kongregationen, die aus einem Kloster heraus oder ohne klösterliche Lebensgemeinschaft vielfältige Aufgaben in der Kirche und Gesellschaft übernehmen (Gemeindeseelsorge, Krankenpflege, Unterricht, soziale Aufgaben).

Es gibt männliche und weibliche Orden, Priester- und Laienorden, Chorherren- und Bettelorden. In manchen Orden leben Priester (Patres) und Laien (Fratres) gemeinsam in einem Kloster. Viele Orden und Kongregationen sind dem Papst unmittelbar unterstellt, andere einem Bischof.
Die einzelnen Klöster werden von *Äbten, Äbtissinnen* oder von einem *Prior* geleitet. Die Äbte haben oft bischöflichen Rang. Viele Orden haben für ihre Klöster eine gemeinsame Leitung, zumeist in Rom. Ordensoberer kann ein *Ordensgeneral* sein, ein *Generalabt* oder ein *Abtprimas*.

Die für Deutschland und seine Geschichte besonders bedeutsamen Orden sind:
Augustiner-Eremiten (OESA), schwarze Tracht, tätig in der (Pfarr-)Seelsorge, wissenschaftlichen Arbeit, Mission
Benediktiner (OSB, Ordo Sancti Benedicti), schwarze Tracht, mit großen wissenschaftlichen und wirtschaftlichen Leistungen. Bekannte Klöster: Cluny, Beuron, Maria Laach, Ettal
Dominikaner (OP, Ordo Fratrum Praedicatorum), Predigerorden, schwarz-weiße Tracht, Schwerpunkte in der Seelsorge und Wissenschaft
Franziskaner (OFM, Ordo fratrum minorum, Minoritenorden, Barfüßer), braune Tracht, Schwerpunkte in der Mission und Krankenpflege
Franziskanerinnen (Ordo Sancti Francisci, OSF), widmen sich ebenfalls der Krankenpflege
Jesuiten (Societas Jesu, SJ), keine besondere Tracht, streitbarer, oft umstrittener (verbotener) Eliteorden mit gründlicher wissenschaftlicher Ausbildung in Theologie und in anderen Wissenschaften
Kapuziner (Ordo Fratrum Minorum, OFMcap), Zweig der Franziskaner, Predigt- und Missionstätigkeit, Wallfahrtsseelsorge
Kartäuser (Ordo Cartusiensis, Ocart{h}), weiße Tracht, verbindet Einsiedler- und Gemeinschaftsleben, kontemplativ mit weitgehendem Schweigegebot
Prämonstratenser (Ordo Praemonstratensis, OPraem), weiße Tracht, Missions- und Kolonisationsorden im deutschen Osten, tätig in der Seelsorge und in Schulen
Salesianer Don Boscos (Societas Salesiana, SDB), ohne besondere Tracht, Kongregation für Priester und Laien, tätig in allen Bereichen der Seelsorge, vor allem der Jugendseelsorge
Ursulinen (Ordo Sanctae Ursulae, OSU), vor allem in Schulen und in der Erziehung tätig

Zisterzienser, (Sacer Ordo Cisterciensis, SOCist), schwarz-weiße Tracht, bedeutender Missions- und Kolonisationsorden, vor allem im Mittelalter in Deutschland

3. Mit Rom unierte Ostkirchen (Katholische Ostkirchen)

Die mit Rom unierten Ostkirchen haben eine mit der römischen Kirche übereinstimmende Glaubenslehre. Ebenfalls erkennen sie den Primat des Papstes an. Sie haben aber eigene, zumeist orthodoxe Liturgien und Riten und teilweise ein eigenes Kirchenrecht. So kennen sie beispielsweise die Priesterehe, jedoch keine Priesterinnen.

Die Kirchen sind hierarchisch gegliedert. Unter dem *Papst* stehen die *Patriarchen, Metropoliten, Bischöfe,* sodann die *Priester* und *Diakone.*

In den mit Rom unierten Kirchen gibt es verschiedene liturgische Riten:

Byzantinischer (auch westsyrischer oder maronitischer) Ritus (Ukraine, Ungarn, Rumänien, Libanon)

Chaldäischer (ostsyrischer) Ritus (Nestorianer, vor allem im Libanon, in Syrien und auf Zypern)

Alexandrinischer Ritus (Unierte Kopten, in Äthiopien)

Antiochenischer Ritus (Maroniten, vor allem im Libanon, in Syrien und auf Zypern)

Armenischer Ritus (Unierte Armenier, vor allem im Libanon, in Syrien, im Iran und in der Türkei)

Die mit Rom unierten Kirchen haben rd. 12 Mill. Mitglieder.

4. Altkatholische Kirchen

Nach dem 1. Vatikanischen Konzil (1870) entstanden vor allem im deutschsprachigen Raum von Rom unabhängige katholische Kirchen, welche die neuen Dogmen von der ‣ **Unfehlbarkeit des Papstes** und das ‣ **Jurisdiktionsprimat des Papstes** nicht anerkannten, sondern beim alten Glauben blieben. In Deutschland nennen sie sich Alt-Katholiken, in der Schweiz Christkatholiken.

Die in der Utrechter Union zusammengeschlossenen selbstständigen altkatholischen Kirchen mit dem Erzbischof von Utrecht als Ehrenprimas haben rd. 0,5 Mill. Mitglieder in zwölf Diözesen.

Nationalkirchen gibt es in Deutschland, in der Schweiz, in den Niederlanden, in Österreich, in Tschechien und in den USA.

Die altkatholischen Kirchen haben wie die röm.-kath. Kirche die Messliturgie und die sieben Sakramente. Die Priester sind nicht zur Ehelosigkeit verpflichtet.

Die Bischöfe stehen in der ‣ **apostolischen Sukzession**. Die altkath. Kirchen haben die volle Kirchengemeinschaft mit den anglikanischen Kirchen und Abendmahlsgemeinschaft mit der Ev. Kirche in Deutschland. Sie sind Mitglieder im ‣ **Ökumenischen Rat der Kirchen (ÖRK).**

Das Katholische Bistum der Alt-Katholiken in Deutschland

Das Katholische Bistum der Alt-Katholiken in Deutschland ist eine autonome, bischöflich-synodal verfasste katholische Kirche.

Im Gegensatz zu den übrigen altkatholischen Kirchen werden in ihr Priesterinnen geweiht.

Sie hat rd. 25.000 Mitglieder in etwa 175 Gemeinden Das Bischöfliche Ordinariat befindet sich in Bonn. Sie gehört zur ‣ **ACK** und zum ‣ **ÖRK.**

5. Unabhängige romfreie katholische Kirchen

Romfreie katholische Kirchen, die zum Protestantismus tendieren, sind die Unabhängige Philippinische Kirche mit 2 Mill. Mitgliedern, die Tschechische Hussitenkirche mit 0,2 Mill. Mitgliedern und die Syrische Mar-Thoma-Kirche in Südindien mit 0,5 Mill. Mitgliedern.

Sie gehören zur Utrechter Union und zum ‣ **Ökumenischem Rat der Kirchen (ÖRK).**

IV. Die orthodoxen Kirchen

1. Die Orthodoxen Kirchen des Ostens

Zu den orthodoxen Kirchen des Ostens gehören – im Unterschied zu den orientalischen orthodoxen Nationalkirchen – jene, die von Konstantinopel, der byzantinischen Kirche im oströmischen Kaiserreich, missioniert oder geprägt worden sind.

Unterschiedliche Entwicklungen in der Lehre und im allgemeinen christlichen Lebensgefühl führten im Jahr 1054 zum Schisma, zur Trennung der westlichen (römisch-katholischen) und östlichen (orthodoxen) Kirchen.

Während die westliche Frömmigkeit die Befreiung von der Sünde betont, so steht bei der östlichen Frömmigkeit die Erlösung vom Todesschicksal und der daraus folgende Lobpreis Gottes im Vordergrund (Orthodoxie heißt wörtlich übersetzt die richtige Anbetung). Zentrum des kirchlichen Lebens ist der Gottesdienst mit der Eucharistie, in dessen Liturgie sich Gott und die Menschen begegnen.

Zu den Charakteristika der orthodoxen Kirchen gehören:

Die reiche, alle Sinne beanspruchende ***Liturgie*** mit den charakteristischen *Prozessionen der Priester durch die Kirche* und dem farbenprächtigen *Wechselgesang der Priester und Chöre*, die *Ikonen*, die Christus- und Heiligenbilder, in denen die Dargestellten sich selbst vergegenwärtigen, dazu die *Ikonostase*, die Bilderwand, die den Chorraum vom Kirchenschiff trennt.

Zur orthodoxen ***Frömmigkeit*** gehören die *Heiligenverehrung*, wobei die *Marienverehrung* einen besonderen Platz einnimmt, das *Bekreuzigen*, das *„Kleine Glaubensbekenntnis"* genannt, die *Kerzen* als Sinnbild des leuchtenden Glaubens, der warmen, strahlenden Liebe und des ewigen Lebens.

Wie die westlichen katholischen Kirchen haben die orthodoxen Kirchen sieben ***Sakramente:*** Taufe, Firmung, Buße, Eucharistie, Ehe, Krankenölung und Priesterweihe.

Die ***Geistlichkeit*** ist hierarchisch aufgebaut:

Diakon, Protodiakon, Priester, Erzpriester, Protopresbyter, Propst, Bischof, Erzbischof, Metropolit, Patriarch. Der *Exarch*, auch *Obermetropolit*, ist Vertreter des Patriarchen in einem bestimmten Gebiet.

Die Mönchsgeistlichkeit hat folgende Stufen: *Mönchsdiakon, Archidiakon, Mönchspriester*, auch *Abt* oder *Archimandrit*. (*Archimandrit* ist auch ein Ehrentitel,

den u.a. alle Bischöfe, aber auch verdiente Priester führen.)
Die Bischöfe gehören immer dem Mönchsstand an. Die Diakone und Priester gehören zur Weltgeistlichkeit. Sie können verheiratet sein. Die Bezeichnung „Pope" ist zumeist abwertend (vergleichbar dem „Pfaffen").
Die Weihe von Frauen zum Priesteramt wird scharf abgelehnt.

Die Orthodoxen Kirchen zählen rd. 100 Mill. Gläubige, davon über 60 Mill. in Rußland, in der Ukraine und in Weißrußland. Eine genaue Statistik wird nicht geführt.
Die orthodoxen Kirchen sind weltweit verbunden in der ***Panorthodoxen Konferenz*** mit dem *Ökumenischen Patriarchen von Konstantinopel* als Ehrenprimas.
Die meisten orthodoxen Kirchen sind Mitglied im ‣ **Ökumenischen Rat der Kirchen (ÖRK).**
Die vierzehn autokephalen (vollständig selbstständigen Kirchen) sind die **Patriarchate von Konstantinopel, Alexandria, Antiochien, Jerusalem, Moskau, Belgrad, Bukarest und Sofia** sowie die **Nationalkirchen (Erzbistümer) von Zypern, Griechenland, Georgien, Polen, Tschechien und Albanien.**
Dazu kommen weitere sieben autonome (selbstständige) Nationalkirchen, die rechtlich einem Patriarchat unterstehen: **Ukraine, Mazedonien, Finnland, China, Japan, Ungarn und Frankreich.**
Des weiteren gibt es viele Abspaltungen von den Patriarchaten, u.a. die ultrakonservativen Altgläubigen (Raskolniki) in Rußland.

2. Die Orientalischen Nationalkirchen

Infolge von dogmatischen Streitigkeiten auf den altkirchlichen Konzilien lösten sich einzelne Kirchen von den Großkirchen, und zwar auf dem 3. Ökumenischen Konzil in Ephesus im Jahr 431 die **Nestorianer** und auf dem 4. Ökumenischen Konzil von Chalcedon 451 die **Monophysiten**. In den Glaubensinhalten stimmen sie jedoch weitgehend mit den übrigen orthodoxen Kirchen überein. Ihre Liturgien sind altertümlicher und einfacher. Sie halten Verbindung untereinander in der Konferenz der orthodoxen orientalischen Kirchen.
Insgesamt haben die Orientalischen Nationalkirchen rd. 33 Mill. Mitglieder.

2.1 Die Apostolisch-Katholische Kirche des Ostens (Assyrer), auch Nestorianer genannt

Die Apostolisch-Katholische Kirche des Ostens, nach dem auf dem Konzil von Ephesus wegen dogmatischer Abweichungen verurteilten Patriarchen Nestorius von Konstantinopel auch Nestorianer genannt, wurde zur persischen Nationalkirche mit großer Ausdehnung bis nach Indien, Zentralasien, China, Korea und Japan.

Heute ist sie nur noch in Resten vorhanden, vor allem in Syrien, im Irak, Iran, und in Indien, dazu in den USA. Insgesamt gibt es rd. 100.000 Nestorianer.

Die Assyrische Kirche hat zwei Patriarchate, davon eines in Bagdad, das andere in den USA. Der *Patriarch-Katholikos* hat dort seinen Sitz in San Francisco. Diese Kirche ist Mitglied im ‣ **Ökumenischen Rat der Kirchen (ÖRK).**

Rund 200.000 einstige Nestorianer gehören jetzt zu der mit Rom unierten **Chaldäischen Kirche** (‣ **mit Rom unierte Kirchen**).

2.2 Monophysitische Kirchen

Der Name leitet sich von einem Begriff der Zweinaturenlehre (Jesus als Gott und Mensch) ab. Die Monophysiten betonen die gottmenschliche Einheit in Christus. Wesentlicher für die Trennung war die politische Opposition zur byzantinischen Reichskirche.

Monophysitische Kirchen:

Die **Koptische Orthodoxe Kirche** ist die größte christliche Kirche in Ägypten. Unter Leitung des *Patriarchen von Alexandria* (auch *Papst* genannt) hat sie rd. 6 Mill. Mitglieder. Ihre Klöster sind wichtige geistliche Zentren.

Die **Äthiopische Orthodoxe Kirche** führt sich auf den Kämmerer aus Äthopien (Apostelgeschichte 8,26) zurück. 1959 löste sie die enge Verbindung zur Koptischen Orthodoxen Kirche. Sie hat rd. 22 Mill. Mitglieder (die Hälfte der Bevölkerung Äthiopiens). Der *Patriarch* hat seinen Sitz in Addis Abeba.

Die **Syrisch-Orthodoxe Kirche (Kirche der Jakobiten)** hat rd. 250.000 Mitglieder in Syrien, im Libanon, im Irak, in Jordanien, der Türkei und in den USA. Die Liturgie wird in altsyrischer und arabischer Sprache zelebriert. Der *Patriarch von Antiochien* hat seinen Sitz in Damaskus.

Die **Syrisch-Orthodoxe Kirche des Ostens in Indien** (Orthodoxe Kirche von

Indien, Thomaschristen) führt sich auf den Apostel Thomas zurück. Sie hat rd. 600.000 Mitglieder, vor allem in Südindien, Sri Lanka und Malaysia. Die Leitung hat der *Katholikos* von Kerala.

Die **Armenische Apostolische Kirche (Gregorianer)** führt sich auf den Apostel Thaddäus zurück. Sie ist mit rd. 5 Mill. Mitgliedern die Nationalkirche der Armenier, vor allem in Armenien, aber auch unter den übrigen armenischen Volksgruppen. In der Türkei wurden in einem Völkermord in den Jahren 1914–1918 rd. 1,5 Mill. armenische Christen umgebracht. Die Leitung der Kirche hat der im Kloster Etschmiadzin residierende *Katholikos.*

V. Die ökumenische Bewegung

1. Ökumenischer Rat der Kirchen (ÖRK)

Der Ökumenische Rat der Kirchen (gelegentlich auch Weltrat der Kirchen genannt, engl.: World Council of Churches) ist ein überkonfessioneller weltweiter Zusammenschluss von heute rd. 350 Kirchen mit etwa 500 Millionen Mitgliedern. Sie fördert die Verständigung, Zusammenarbeit und Gemeinschaft der verschiedenen christlichen Kirchen und Konfessionen.

Im ÖKR sind fast alle reformatorischen und orthodoxen Kirchen vertreten. Die römisch-katholische Kirche ist nicht Mitglied, sondern hat lediglich einen Beobachterstatus.

Oberstes Gremium ist die alle sechs Jahre tagende *Vollversammlung*. Sie wählt den aus 158 Vertretern bestehenden *Zentralausschuss*, aus dem wiederum ein *Exekutivkomitee* gebildet wird. Von der Vollversammlung wird auch das *Präsidium* mit den sechs *Präsidenten des ÖKR* gewählt.

Zwischen den Konferenzen nimmt das *Generalsekretariat* in Genf unter Leitung eines *Generalsekretärs* die Aufgaben des ÖRK wahr.

Der 1948 gegründete ÖRK hat drei Vorläufer, die *Weltmissionskonferenz* (gegründet 1910 in Edinburgh), die *Weltkonferenz für Praktisches Christentum (Life and Work*, 1925 in Stockholm gegründet) und die *Weltkonferenz für Glaube und Kirchenverfassung (Faith and Order*, 1927 in Lausanne gegründet).

Seine „Basisformel" lautet: „Der Ökumenische Rat der Kirchen ist eine Gemeinschaft von Kirchen, die den Herrn Jesus Christus gemäß der Heiligen Schrift als Gott und Heiland anerkennen und darum gemeinsam zu erfüllen trachten, wozu sie berufen sind, zur Ehre Gottes, des Vaters, des Sohnes und des Heiligen Geistes."

Der ÖRK arbeitet in vier *Programmeinheiten:* 1. Einheit und Erneuerung; 2. Leben, Bildung und Mission; 3. Gerechtigkeit, Friede und Schöpfung; 4. Teilen und Dienst.

2. Lutherischer Weltbund (LWB)

Zum 1947 gegründeten Lutherischen Weltbund (Lutheran World Federation) gehören 131 Kirchen mit rd. 60 Mill. Mitgliedern. (Weltweit gibt es etwa 140 lutherische Kirchen mit rd. 70 Mill. Mitgliedern.)

Der LWB fördert die christliche Verkündigung und die Gemeinschaft der lutherischen Kirchen auf ökumenischer Grundlage.

Die *Vollversammlung* des LWB tagt alle sechs Jahre. Sie wählt den *Präsidenten* und die 22 Mitglieder des *Exekutivkomitees.* Dieses wiederum wählt den *Generalsekretär.* Zudem hat jede Mitgliedskirche einen Vertreter im *Nationalkomitee.* Die thematische Arbeit des LBW geschieht zudem in *Kommissionen.*

Sitz des *Generalsekretariates* ist Genf.

3. Reformierter Weltbund (RWB)

Zum 1875 gegründeten Reformierten Weltbund (World Alliance of Reformed Churches) gehören 192 Kirchen mit rd. 70 Mill. Mitgliedern. Er fördert die allgemeine theologische Zusammenarbeit und das gemeinsame Wirken bei der Mission und der Hilfe für Minderheitskirchen.

Die *Generalversammlung* des Reformierten Weltbundes wählt das *Exekutivkomitee,* bestehend aus sechs *Präsidenten,* sechs *Vizepräsidenten* und 16 *weiteren Mitgliedern.* Die Arbeit des RWB in den verschiedenen *Sektionen* und *Kommissionen* wird von einem *Generalsekretär* geleitet. Sitz des *Generalsekretariates* ist Genf.

4. Konferenz Europäischer Kirchen (KEK)

Der 1959 gegründeten KEK gehören evangelische, anglikanische und orthodoxe Kirchen aus fast allen europäischen Ländern an. Sie unterstützt die theologische und diakonische Zusammenarbeit ihrer Mitgliedskirchen. Sie hält Kontakt mit dem römisch-katholischen Rat der Europäischen Bischofskonferenzen.

Sitz der KEK ist Genf.

5. Arbeitsgemeinschaft Christlicher Kirchen in Deutschland (ACK)

Die Arbeitsgemeinschaft Christlicher Kirchen wurde 1948 gegründet. In ihr arbeiten die ev. Landeskirchen, die Freikirchen, die römisch-katholische Kirche und die in Deutschland vertretenen orthodoxen Kirchen mit. Sie fördert das theologische Gespräch untereinander und die Evangelisation. Durch die ACK wurde das ökumenische Programm für Gerechtigkeit, Frieden und Bewahrung der Schöpfung bekannt gemacht.

Eine gemeinsame Arbeitsstelle der ACK ist die Ökumenische Centrale in Frankfurt a.M.

In den Regionen arbeiten 13 ACKs und zwei Räte christlicher Kirchen. **Mitgliedskirchen der ACK** (Abk. i. D. = in Deutschland): 1. Ev. Kirche i. D. mit ihren Gliedkirchen; 2. Röm.-kath. Kirche; 3. Orth. Kirche i. D. – Verband der Diözesen (darin u.a.: Griechisch-Orth. Metropolie von D.; Berliner Diözese der Russisch-Orth. Kirche des Moskauer Patriarchats; Serbisch-Orth. Diözese für Mitteleuropa); 4. Bund Ev.-Freikirchlicher Gemeinden i. D. (Baptisten); 5. Ev.-methodistische Kirche; 6. Kath. Bistum der Alt-Katholiken i. D.; 7. Arbeitsgemeinschaft Mennonitischer Gemeinden i. D.; 8. Ev. Brüder-Unität-Herrnhuter Brüdergemeine; 9. Ev.-altreformierte Kirche in Niedersachsen; 10. Syrisch-Orth. Kirche von Antiochien i. D; 11. Die Heilsarmee i. D.; 12. Selbständige Ev.-Luth. Kirche (SELK); 13. Armenisch-Apostolische Orth. Kirche i. D.; 14. Äthiopisch-Orth. Kirche i. D.; 15. Arbeitsgemeinschaft Anglikanisch-Episkopaler Gemeinden i. D.; 16. Koptisch-Orth. Kirche i. D.

Gastkirchen: 1. Gemeinschaft der Siebenten-Tags-Adventisten i. D.; 2. Bund Freier ev. Gemeinden i. D.; 3. Apostelamt Jesu Christi; 4. Mülheimer Verband Freikirchlich-Ev. Gemeinden (MV).

Ständige Beobachter: 1. Religiöse Gesellschaft der Freunde (Quäker); 2. Arbeitsgemeinschaft Ökumenischer Kreise e.V. (AÖK); 3. Ev. Missionswerk i. D.

VI. Sekten und religiöse Sondergemeinschaften

1. Begriffsbestimmung

Der (religiöse) Sektenbegriff ist unscharf. Ursprünglich ist eine Sekte eine Abspaltung von einer der großen Kirchen unter Veränderung der tradierten Glaubenswahrheiten. Heute unterscheidet man besser zwischen den *Sekten* und den *religiösen Sondergemeinschaften*.

Charakteristische Merkmale einer *Sekte*: Christliche Wurzeln, Verweigerung jeglicher Zusammenarbeit mit anderen christlichen Kirchen oder Gemeinschaften, Anspruch auf alleinigen Besitz von Glaubenswahrheiten, enge Bindung der Anhänger an die Gemeinschaft, ihre Führerpersönlichkeiten und an die Heilskonzepte bis hin zur psychischen Abhängigkeit, oft verbunden mit aggressivem Verhalten gegen Kritiker, Abtrünnige und die übrigen Kirchen. Zu den klassischen Sekten gehören u. a die Zeugen Jehovas, die Neuapostolische Kirche und die Mormonen.

Von den *christlichen Sondergemeinschaften* geht dagegen keine soziale Gefährdung oder Einengung aus. Sie haben lediglich theologische Sonderlehren, die zumeist von Offenbarungen oder religiösen Erlebnissen der Gründer ausgehen, die als verbindlich angesehen werden oder die Gemeinschaft stark bestimmen. Dabei ist oft eine weiterbestehende Mitgliedschaft in der ev. oder kath. Kirche möglich.
Zu solchen Gemeinschaften zählen etwa die Christengemeinschaft, die Christliche Wissenschaft oder die Johannische Kirche.

Außerchristliche religiöse Sondergemeinschaften entstanden im letzten Jahrhundert vor allem unter fernöstlichen (besonders hinduistischen) Einflüssen, manche in Organisationsformen, die ihre Mitglieder in völliger psychischer, sozialer und finanzieller Abhängigkeit binden. Dazu gehören die Hare-Krishna-Bewegung, die Bhagwan-Bewegung und die Transzendentale Meditation. Eine besondere religiöse Erscheinung ist die *Esoterik*-Welle.
Neben den religiösen Gemeinschaften gibt es weitere *Psycho- und Politgruppen*, zu denen die als besonders gefährlich anzusehende Scientology-Organisation und satanische Gruppen zu zählen sind.

2. Sekten und christliche Sondergemeinschaften

2.1 Christengemeinschaft

Die Christengemeinschaft ist eine von der Anthroposophie *Rudolf Steiners* bestimmte christliche Sondergemeinschaft. Sie versteht sich als eine Kultgemeinschaft in einer Synthese von Katholizismus und Protestantismus. Im Kultus führt das religiöse Erleben in die Erfahrung einer höheren Welt hinein, wobei die ‣ **Anthroposophie** Steiners zu einer weiteren Offenbarungsquelle wurde.
Die sonntäglichen *Menschenweihehandlungen* finden in der Form einer Messe mit

Abendmahl statt. Die sieben Sakramente entsprechen denen der römisch-katholischen Kirche. Die Gemeinden unterhalten soziale und kulturelle Einrichtungen. Geleitet werden die einzelnen Gemeinden von *Pfarrern (Priestern)*. Es folgt eine Hierarchie von *Lenkern, Oberlenkern* und dem *Erzoberlenker* (mit Sitz in Stuttgart). Weltweit gehören zur Christengemeinschaft rd. 25.000 Mitglieder, davon in Deutschland in 141 Gemeinden rd. 15.000 Mitglieder Diese können auch weiterhin der ev. oder kath. Kirche angehören. Die Christengemeinschaft hat darüber hinaus eine große Ausstrahlungskraft auf Akademiker und Künstler.

2.2 Christliche Wissenschaft

Für die zu den christlichen Sondergemeinschaften gehörende Christliche Wissenschaft (Christian Science) ist neben der Bibel *Mary Eddy Baker* (1821–1910), die amerikanische Gründerin dieser christlichen Sondergemeinschaft, Glaubensquelle. Ihr besonderes Anliegen ist die Gebets- und Geistheilung Da nur das Geistige das einzig Wirkliche ist, werden die Materie und die Sünde als das Unwirkliche und Zeitliche angesehen. Krankheiten gelten als Einbildung und können durch Gebete (besonders durch die der *Ausüber*) geheilt werden. Ein fünfköpfiger *„Vorstand der Mutterkirche“* leitet in Boston die Gemeinschaft, weitere Vorstände die Untergliederungen. Einer der rd. 10.000 *Ausüber* ist jeweils *Heiler und Seelsorger*. Weltweit gehören zu den rd. 300 Zweigkirchen (davon in Deutschland 120) etwa 150.000 Mitglieder.

2.3 Fiat Lux

Der Orden Fiat Lux ist eine auf Neuoffenbarungen des Mediums *Erika Bertschinger Eicke*, genannt *Uriella*, beruhende, zu den Sekten zu zählende Gemeinschaft mit dem Zentrum und mit Wohngemeinschaften im südlichen Schwarzwald. Der Orden erwartet das baldige Weltende (bereits für 1998 vorhergesagt) und die Rettung eines Teiles der Menschheit durch außerirdische Raumschiffe. Göttliche Heilkünste der Uriella werden mit besonderen, käuflichen Medikamenten aus der Göttlichen Apotheke des Ordens verbunden. Fiat-Lux-Träger sind hell bis weiß gekleidet, tragen ein Marienmedaillon und eine erlösungskräftige Kreuzeskette. Die Zahl der Anhänger in Deutschland wird auf mehrere tausend geschätzt.

2.4 Johannische Kirche

Die zu den christlichen Sondergemeinschaften zu zählende Johannische Kirche wurde zu Beginn des 20. Jahrhunderts von *Joseph Weißenberger* gegründet. Neben

Christus steht Weißenberger, der nach Kundgebungen von Engeln und Verstorbenen ein „Drittes Testament“ hinterlassen hat, als Inkarnation des Heiligen Geistes im Mittelpunkt der Glaubensaussagen. Zentrum der Gemeinschaft ist das in der Nähe Berlins gelegene Siedlungswerk *Friedensstadt* mit Wohnhäusern, Schulen, Altersheimen, Heilungsstätten und einer großen Kirche. Nach dem Zweiten Weltkrieg schrumpfte die Zahl der vordem 400 Gemeinden mit rd. 100.000 Mitgliedern auf etwa 40 Gemeinden mit 6.000 Mitgliedern. Ein Kirchenaustritt wird von diesen nicht gefordert.

2.5 Mormonen – Kirche Jesu Christi der Heiligen der Letzten Tage

Die zu den Sekten gehörende Gemeinschaft ist eine amerikanisch geprägte fortschrittsgläubige neue Religion, nach der Rettung aus Nordamerika kommt. Als Glaubensquelle dienen die *Bücher Mormon*, von *Joseph Smith* während einer angeblichen Engelserscheinung hinter einem Vorhang diktiert. In der Mitte des 19. Jahrhunderts gründeten die Mormonen Utah, den späteren Bundesstaat der USA. Eine strenge Frömmigkeit, ein großes Arbeitsethos und eine besondere Pflege des Familien- und Gemeinschaftslebens prägen die Mormonen. Die Gemeinden werden durch die Abgabe des Zehnten (vom Einkommen) finanziert.

Verantwortlich für das Gemeindeleben und den Gottesdienst ist jedes männliche Mitglied als Träger des *„Aaronischen Priesteramtes“ (Diakone, Lehrer, Priester).* Nur das höhere *„Melchizedekische Priestertum“* hat Zugang zum Tempelritus, der unter Ausschluss der Öffentlichkeit vollzogen wird.

Die Mormonen beanspruchen die alleinige Glaubenserkenntnis für sich. Durch eine stellvertretende Totentaufe können andere Anteil am Heil bekommen. Dieser Totentaufe dient der Internations Genealogical Index, in dem die Namen von rd. zwei Milliarden Menschen auf Mikrofilm gespeichert sein sollen.

Die Mormonenkirche wird hierarchisch geleitet. Weltweit ist sie in 13 Hauptgebiete, in Regionen, Pfählen und Missionen organisiert. Sie hat rd. 8,5 Mill. Mitglieder und Anhänger, davon in Deutschland rd. 30.000.

2.6 Neuapostolische Kirche

Die zu den Sekten zu zählende Neuapostolische Kirche, entstanden im 19. Jahrhundert in Deutschland, versteht sich als die einzig wahre Kirche der Endzeit, die auf die Wiederkunft Jesu Christi und das Tausendjährige Reich wartet. In ihr wirken die Nachfolger der Apostel.

In den sonntäglichen Gottesdiensten wird das Abendmahl gefeiert, die Predigten

folgen unmittelbaren Eingebungen des Heiligen Geistes. Neben Taufe und Abendmahl gibt es das Sakrament der Versiegelung zur Übermittlung des Heiligen Geistes durch Handauflegung eines Apostels. Der Stammapostel genießt unfehlbare Lehrautorität. Er setzt das Erlösungswerk Jesu Christi fort und ist somit neben der Bibel die zweite Glaubensquelle.
Die Leitung der Kirche ist hierarchisch. An der Spitze steht der in Zürich amtierende *Stammapostel*. Diesem unterstehen die *Bezirksapostel, Bischöfe, Bezirksältesten, Hirten, Gemeideevangelisten, Priester, Diakone* und *Unterdiakone*. Weltweit hat die Neuapostolische Kirche rd. 10 Mill. Mitglieder, in Deutschland knapp 400.000.

2.7 Universelles Leben (UL)

Die zu den Sekten zu zählende Gemeinschaft Universelles Leben ist eine von der *„Prophetin der Jetztzeit" Gabriele Wittek* gegründete ‣ **synkretistische** Neureligion. Grundlage der Gemeinschaft ist die ihr 1989 offenbarte Heilige Schrift „Das ist mein Wort von A bis O". Durch Meditation und Intensivschulungen anhand der Offenbarungen der Gründerin wird ein kosmisches, universelles Bewusstsein versprochen. Heilungen erfolgen nach kosmischen Gesetzen. In Deutschland gibt es rd. 40.000 Anhänger.

2.8 Vereinigungskirche (Mun-Sekte)

Die zu den Sekten zu zählende Vereinigungskirche wurde 1952 von dem Koreaner *San Myung Mun* in Seoul in der Wahrnehmung eines Auftrages Christi, die Mission zum Abschluss zu bringen und das Reich Gottes auf Erden aufzurichten, gegründet. Dabei wird christliches Gedankengut mit fernöstlicher Religion und Philosophie verbunden. Der Verwirklichung dieses Ziels dienen zahlreiche Wirtschafts- und Hilfsorganisationen, in denen viele Anhänger Muns ohne Bezahlung arbeiten. Die Mitglieder bringen weitgehend ihren Besitz in die Gemeinschaft ein. An der Spitze der Organisation steht das Ehepaar Mun als die *„wahren Eltern"*. Teilweise leben die Mitglieder in Wohngemeinschaften. Insgesamt wird die Zahl der Mitglieder, vor allem in den USA, Japan und Südkorea, auf 200.000 geschätzt, davon in Deutschland rd. 2.000. Da viele der Anhänger Jugendliche sind, wird die Gemeinschaft auch zu den *„Jugendsekten"* gerechnet.

2.9 Zeugen Jehovas

Die Sekte der Glaubensgemeinschaft der Zeugen Jehovas, hervorgegangen aus der Internationalen Vereinigung der Ernsten Bibelforscher, wurde im späten 19. Jahrhundert von dem Amerikaner *Ch. T. Russel* in Erwartung der baldigen Wiederkunft Jesu Christi gegründet.

Grundlage der extrem kirchenfeindlichen und staatskritischen Glaubenslehre ist eine fundamentalistische Auslegung der von Gott wörtlich inspirierten Bibel nach eigenen Kriterien unter besonderer Betonung der Offenbarung des Johannes. In der bald erwarteten „Schlacht von Harmagedon" wird Christus den Satan und die Dämonen vernichten. In dem nachfolgenden Tausendjährigem Reich werden 144.000 auserwählte Zeugen Jehovas zusammen mit Christus herrschen und mit den übrigen Zeugen Jehovas in einem Paradies auf Erden leben. Nach einer weiteren Krise beginnt das ewige, goldenene Zeitalter auf Erden.

Die Mitgliedschaft wird durch eine Taufe in der Form des Untertauchens erworben. Die Zeugen Jehovas haben sich von der dem Satan verfallenen Welt und den ebenfalls satanischen Kirchen abzusondern. Staatsdienst, Wehrdienst und Wahlen werden abgelehnt, ebenso Bluttransfusionen. Ein streng organisiertes Schulungssystem, regelmäßige Versammlungen im Reichskönigssaal, das verpflichtende eigene Studium der Bibel und der Zeitschrift Wachtturm und die Haus- und Straßenmission binden die Mitglieder bis hin zur psychischen Abhängigkeit fest an die Gemeinschaft. Kritik und Fehlverhalten werden bestraft.

Die Gemeinschaft wird streng hierarchisch von einer Zentrale in den USA geleitet. Als Mitglieder werden nur die weltweit rd. 4,5 Mill. aktiven „Verkündiger", davon 160.000 in Deutschland, gezählt. Dazu kommen rd. 11 Mill. Anhänger und Sympathisanten.

3. Außerchristliche religiöse Bewegungen

3.1 Bahai-Religion

Die aus asiatischen Wurzeln kommende Bahai-Religion betrachtet sich als einzige Offenbarungsreligion, die in sich alle bisherigen religiösen Erkenntnisse der Weltreligionen vereint. Mit ihr soll sich die Einheit aller Menschen in einer umfassenden Gemeinschaft verwirklichen und den Weltfrieden herbeiführen.

Zentrum der Bahai-Religion ist das Heiligtum in Haifa. Die Zahl der Anhänger beträgt rd. 40.000 vor allem in den USA.

3.2 Bhagwan-Bewegung

Die Bhagwan-Bewegung geht auf den Inder *R. Ch. Mohan* zurück. Als Bhagwan wird ein Mensch bezeichnet, bei dem das Göttliche enthüllt und nicht verhüllt ist. In seinem 1974 in Poona in Indien eröffneten Ashram verbinden sich fernöstliche Religion und westliche Psychologie mit eigenen Meditationstechniken zur Erlangung der Ganzheit mit der Ausstrahlung des „göttlichen Meisters“ Mohan. Anhänger fand er zuerst unter Esoterikern und (jüngeren) Selbstsuchern in Amerika, dann auch in Europa. 40% der Poona-Gemeinde sind Deutsche, die zumeist als Gäste einige Zeit in Poona verbringen. Äußeres Zeichen der Mitgliedschaft ist ein orangerotes Gewand, eine Kette von 108 Holzperlen und ein Bild Bhagwans.

3.3 Esoterik

Esoterische Kreise und Gemeinschaften bewahrten ursprünglich ein Geheimwissen, das nur besonders Eingeweihten zugänglich war. In dieser Tradition stehen Gruppen wie die *Templer, Rosenkreuzer, Theosophen, Spiritisten* und *Freimaurer*.
Heute ist Esoterik zum Sammelbegriff für die verschiedensten außerchristlichen, z.T. heidnischen Lehren und Kulte geworden. Dazu gehören Feuerkulte, Sonnenanbetung, okkulte und satanische Praktiken, fernöstliche Meditations- und Heilungsangebote und die ‣ **New-Age-Bewegung**.

3.4 Hare-Krishna-Bewegung

Die Hare-Krishna-Bewegung ist eine in der Mitte des 20. Jahrhunderts gegründete Religionsgemeinschaft in der Verehrung des Gottes Krishna. Die „Gottgeweihten“ leben in Wohngemeinschaften mit einem Tempel. In Deutschland gibt es etwa 150 Wohngemeinschaften mit rd. 5000 Anhängern.

3.5 New-Age-Bewegung

Die New-Age-Bewegung, hervorgegangen aus der ‣ **Theosophie**, ist eine Mischung aus fernöstlicher Religiosität, westlichem Okkultismus, modernen naturwissenschaftlichen Theorien und humanistischer Psychologie mit Interesse an archaischen, magischen und ‣ **okkulten** Praktiken bei Ablehnung des christlichen Glaubens und der Kirchen. Das „Neue Zeithalter“ des Wassermannes soll mit der Ausbreitung der New-Age-Bewegung das christliche Zeitalter der Fische ablösen.

3.6 Okkulte Gruppen

Okkultismus ist ein Sammelbegriff von Lehren und Praktiken, die auf außersinnlicher Wahrnehmung und behaupteten Erscheinungen beruhen, die durch Naturgesetze nicht erklärbar sind. Dazu gehören *Hellsehen, Materialisationen, Magie, Spuk, Wahrsagepraktiken* und *Beschwörungen von Krankheiten.*
Anhänger treffen sich zu spiritistischen Sitzungen und zu Beschwörungszeremonien in abgedunkelten Räumen und auf Friedhöfen.

3.7 Scientology-Organisation (SC)

Mit Hilfe von Psychotechniken verspricht die Scientology-Organisation totale Freiheit in der Ausschöpfung aller menschlichen Möglichkeiten. Die SC ist eine Ideologie und Organisation mit grenzenlosem Machtanspruch. In überaus teuren, aufeinander aufbauenden Kursen bindet die Organisation die Teilnehmer bis hin zur inneren Abhängigkeit und völligen Unterwerfung. Gefährlich ist die Organisation mit ihren oft getarnten Programmen und Wirtschaftsunternehmen in ihrem Ziel, die Gesellschaft und Wirtschaft zu verändern. Entgegen ihrer eigenen Behauptung ist sie weder eine religiöse noch eine kirchliche Gemeinschaft.

3.8 Theosophie

Die Theosophie ist eine auf dem Boden von modernem Okkultismus und Spiritismus gewachsene ‣ **synkretistische** Lehre, in der unter anderem Gedanken der antiken Gnosis und antiker Mysterienkulte, Astrologie, Buddhismus und Hinduismus aufgenommen wurden. Organisiert sind viele Anhänger in der *Theosophischen Gesellschaft.*

3.9 Transzendentale Meditation (TM)

Entsprechend der Lehre von der Einheit allen Seins, wird eine religions- und ideologiefreie Meditation mit dem Ziel einer erleuchteten, krankheitsfreien Gesellschaft angestrebt. Dennoch ist die in der Mitte des 20. Jahrhunderts entstandene Bewegung als eine Religionsgemeinschaft in indischen Traditionen anzusehen.
Die TM ist vor allem in Nordamerika und in Westeuropa verbreitet. In Deutschland wird mit knapp 100.000 meditierenden Anhängern gerechnet.

VII. Abkürzungen

AB, ‣ **Augsburgisches Bekenntnis** (Confessio Augustana)

ACK, ‣ **Arbeitsgemeinschaft christlicher Kirchen in Deutschland**

BEFG, ‣ **Bund Evangelisch-Freikirchlicher Gemeinden (Baptisten)**

BK, ‣ **Bekennende Kirche** (‣ **BK**)

BK, ‣ **Schülerbibelkreise** (‣ **BK**)

CA, Confessio Augustana, ‣ **Augsburgisches Bekenntnis**

CAND. THEOL., Kandidat der Theologie nach dem 1. Theologischen Examen.

CVJM, Christlicher Verein Junger Menschen (‣ **CVJM**)

D., Theologischer Ehrendoktor

DD, Doctor of Divinity, Doktor der Gottesgelehrsamkeit, theologischer Ehrendoktor

DC, ‣ **Deutsche Christen**

DEKT, ‣ **Deutscher Evangelischer Kirchentag**

DPSG, Deutsche Pfadfinderschaft St. Georg

DW, ‣ **Diakonisches Werk**

EC, Deutscher Jugendverband „Entschiedenes Christentum"

EG, Evangelisches Gesangbuch

EKD, ‣ **Evangelische Kirche in Deutschland**

EKG, Evangelisches Kirchengesangbuch

EKU, ‣ **Evangelische Kirche der Union**

EMK, ‣ **Evangelisch-methodistische Kirche**

EMS, Evangelisches Missionswerk in Südwestdeutschland

EMW, Evangelisches Missionswerk in Deutschland

EOK, Evangelischer Oberkirchenrat

EPD, Evangelischer Pressedienst

ESG, Evangelische Studierendengemeinde (auch Evangelische StudentInnengemeinde)

EV., evangelisch

FEST, Forschungsstätte der Evangelischen Studiengemeinschaft in Heidelberg

GKR, Gemeindekirchenrat

GO, Grundordnung (Kirchenverfassung)

JG, Junge Gemeinde (ev.)

KAB, Katholische Arbeitnehmer-Bewegung

KATH., katholisch

KDA, Kirchlicher Dienst in der Arbeitswelt (Industrie- und Sozialarbeit in der EKD)

KED, Kirchlicher Entwicklungsdienst

KEK, ‣ **Konferenz Europäischer Kirchen**

KFD, Katholische Frauengemeinschaft Deutschlands

KG, Kirchengemeinde

KGR, Kirchengemeinderat

KJG, Katholische Junge Gemeinde.

KMD, Kirchenmusikdirektor

KNA, Katholische Nachrichtenagentur

KR, Kirchenrat, Konsistorialrat

KSG, Katholische Studentinnen- und Studentengemeinde

KU, Konfirmandenunterricht

LIC. THEOL., Lizentiat der Theologie, früherer theologischer Doktortitel

LKA, Landeskirchenamt

LKR, Landeskirchenrat

LUTH., lutherisch

LWB, ‣ **Lutherischer Weltbund**

MG., ‣ **Monsignore** (kath. Titel)

NEK, ‣ Nordelbische Evangelisch-Lutherische Kirche

OKR, Oberkirchenrat, Oberkonsistorialrat

OLKR, Oberlandeskirchenrat

ÖRK, ‣ **Ökumenischer Rat der Kirchen**

ORTH., orthodox

P., Pastor

PN., Pastorin

PF., Pfarrer

PFRN., Pfarrerin

REF., reformiert

REV, Reverend, englischer Geistlicher

RÖM.-KATH., römisch-katholisch

RPI, Religionspädagogisches Institut

RU, Religionsunterricht an den Schulen

RWB, ‣ **Reformierter Weltbund**

SELK, ‣ **Selbständige Evangelisch-Lutherische Kirche**

SMD, ‣ **Studentenmission in Deutschland**

SUP., Superintendent

VCP, Verband christlicher Pfadfinderinnen und Pfadfinder

VELKD, ‣ **Vereinigte Evangelisch-Lutherische Kirche Deutschlands**

ZDK, ‣ **Zentralkomitee der deutschen Katholike**

VIII. Literaturverzeichnis

Nachschlagewerke für Kirche und Theologie

Evangelisches Kirchenlexikon. Internationale theologische Enzyklopädie

Lexikon für Theologie und Kirche (Schwerpunkt katholische Kirche)

Die Religion in Geschichte und Gegenwart, Handwörterbuch für Theologie und Religionswissenschaft

Realenzyklopädie für protestantische Theologie und Kirche

Theologische Realenzyklopädie

Evangelisches Lexikon für Theologie und Gemeinde

Kleinere Nachschlagewerke und Einzeltitel

Atlas zur Kirchengeschichte, Herder Verlag, 1987

O. Friedrich, Einführung in das Kirchenrecht, 1978

Der Glaube der Ostkirche, hrsg. von H.-Chr. Diedrich, 1986

Handbuch Christlicher Glaube, hrsg. von H. Burkhardt, P. Helbig u.a., 1985

Handbuch religiöser Gemeinschaften. Freikirchen, Sondergemeinschaften, Weltanschauungen, missionierende Religionen des Ostens, Neureligionen, Psycho-Organisationen, hrsg. von H.Reller, 2001

F. Hauck/G.Schwinge, Theologisches Fach- und Fremdwörterbuch, 1999

H. Hemminger, Was ist eine Sekte? Erkennen – Verstehen – Kritik, 1995

Kurt Hutten, Seher, Grübler und Enthusiasten, 1982

Kirchenlexikon, Christliche Kirchen, Freikirchen und Gemeinschaften im Überblick, hrsg. von S. und K.-W. Tröger, 1990

Lexikon der Sekten, Sondergruppen und Weltanschauungen, hrsg. von H. Gasper, Joachim Müller und F. Valentin, 2000

Ökumenisches Lexikon, Kirchen, Religionen, Bewegungen, hrsg. von H. Krüger u.a., 1987

Panorama der neuen Religiosität, Sinnsuche und Heilsversprechen zu Beginn des 21. Jahrhunderts, hrsg. von R. Hempelmann, U. Dehn u.a., 2001

A. Rössler, Kleine Kirchenkunde, 1997

O. Schulz, Von Abba bis Zion, Kirche für Neugierige, 1999

Faltblätter

Informationen der Ev. Zentralstelle für Weltanschauungsfragen Berlin
(speziell über religiöse Sondergemeinschaften und Sekten)
Auguststraße 80, 10117 Berlin
Tel.: (0 30) 2 83 95-2 11, Fax: (0 30) 2 83 95-2 12
E-Mail: info@ezw-berlin.de, Internet: www.ekd.de/ezw/

Übersichten über die einzelnen Kirchen, ihre Einrichtungen und Werke

Adressbuch für das katholische Deutschland, 1999
Adressenwerk der evangelischen Kirche, 1999

Unter den allgemeinen Lexika sind für kirchliche Fragen besonders ergiebig:

Brockhaus Enzyklopädie
Meyers Enzyklopädisches Lexikon

IX. Adressen

(Stand 2001)
Tel.: = Telefon, Postf. = Postfach, Fax, E-Mail, Internet

Evangelische Kirche in Deutschland (EKD)
Kirchenamt der EKD, Herrenhäuser Str. 12, 30419 Hannover
Tel.: (05 11) 27 96-0, Fax: (05 11) 27 96-7 07
E-Mail: info@ekd.de, Internet: www.ekd.de

Ökumene und Auslandsarbeit der EKD siehe Kirchenamt

Militärseelsorge: Ev. Kirchenamt für die Bundeswehr
Argelanderstr. 105, 53115 Bonn
Tel.: (02 28) 9 47-0, Fax: (02 28) 9 47-21 85
E-Mail: militaerseelsorge@ekd.de, Internet: www.militaerseelsorge.de

Der Bevollmächtigte des Rates der EKD bei der Bundesrepublik Deutschland und der Europäischen Union, Charlottenstr. 53/54, 10117 Berlin
Tel.: (0 30) 20 35 50, Fax: (0 30) 20 35 51 00
E-Mail: ekd@ekd-berlin.de, Internet: www.ekd.de

Diakonisches Werk der EKD, Hauptgeschäftsstelle, Stafflenbergstr.76
Postf. 10 11 42, 70010 Stuttgart
Tel.: 07 11/21 59-0, Fax: 07 11/21 59-2 88
E-Mail: diakonie@diakonie.de, Internet: www.diakonie.de

Vereinigte Evangelisch-Lutherische Kirche in Deutschland (VELKD)
Lutherisches Kirchenamt
Richard-Wagner-Str. 26
Postf. 51 04 09, 30634 Hannover
Tel.: (05 11) 62 61-1, Fax: (05 11) 6 26 12 11
E-Mail: zentrale@velkd.de, Internet: www.velkd.de

Evangelische Kirche der Union (EKU)
Kirchenkanzlei
Jebensstr. 3, 10623 Berlin
Tel.: (0 30) 3 10 01-0, Fax: (0 30) 3 10 01-2 00
E-Mail: postfach@eku-online.de, Internet: www.eku-kirche.de

Reformierter Bund
Geschäftsstelle
Vogelsangstr. 20, 42109 Wuppertal
Tel.: (02 02) 75 51 11, Fax: (02 02) 75 42 02

Evangelische Landeskirche Anhalts
Landeskirchenrat
Friedrichstr. 22–24, Postf. 14 24, 06813 Dessau
Tel.: (03 40) 25 26-0, Fax: (03 40) 25 26-1 30
E-Mail: landeskirchenamt@evlkanh.de, Internet: www.landeskirche-anhalts.de

Evangelische Landeskirche in Baden
Ev. Oberkirchenrat
Blumenstr.1–7, Postf. 22 69, 76010 Karlsruhe
Tel.: (07 21) 91 75-0, Fax: (07 21) 91 75-5 50
E-Mail: info@ekiba.de, Internet: www.ekiba.de

Evangelisch-Lutherische Kirche in Bayern
Landeskirchenamt
Meiserstr. 11, Postf. 20 07 51, 80007 München
Tel.: (0 89) 55 95-0, Fax: (0 89) 55 95-4 44
E-Mail: poep@elkb.de, Internet: www.bayern-evangelisch.de

Evangelische Kirche in Berlin-Brandenburg
Konsistorium
Georgenkirchstr. 69, 10249 Berlin
Tel.: (0 30) 2 43 44-0, Fax: (0 30) 24 344-5 00
E-Mail: info@bb-evangelisch.de, Internet: www.bb-evangelisch.de

Evangelisch-lutherische Landeskirche in Braunschweig
Landeskirchenamt
Dietrich-Bonhoeffer-Str.1, Postf. 16 64, 38286 Wolfenbüttel
Tel.: (0 53 31) 8 02-0, Fax: (0 53 31) 8 02-7 07
E-Mail: ips@luth-braunschweig.de, Internet: www.luth-braunschweig.de

Bremische Evangelische Kirche
Kirchenausschuss
Franziuseck 2/4, Postf. 10 69 29, 28069 Bremen
Tel.: (04 21) 55 97-0, Fax: (04 21) 55 97-26
E-Mail: kika.bek@kirche-bremen.de, Internet: www.kirche-bremen.de

Evangelisch-lutherische Landeskirche Hannovers
Landeskirchenamt
Rote Reihe 6, Postf. 37 26, 30037 Hannover
Tel.: (05 11) 12 41-0, Fax: (05 11) 12 41-2 66
E-Mail: IPS.Hannover@evlka.de, Internet: www.evlka.de

Evangelische Kirche in Hessen und Nassau
Kirchenverwaltung
Paulusplatz 1, 64276 Darmstadt
Tel.: (0 61 51) 4 05-0, Fax: (0 61 51) 4 05-4 40
E-Mail: info@ekhn.de, Internet: www.ekhn.de

Evangelische Kirche von Kurhessen-Waldeck
Landeskirchenamt
Wilhelmshöher Allee 330, Postf. 41 02 60, 34114 Kassel
Tel.: (05 61) 93 78-0, Fax: (05 61) 93 78-4 00
E-Mail: Landeskirchenamt@ekkw.de, Internet: www.ekkw.de

Lippische Landeskirche
Lippisches Landeskirchenamt
Leopoldstr. 27, Postf. 21 53, 32711 Detmold
Tel.: (0 52 31) 9 76-60, Fax: (0 52 31) 9 76-8 50
E-Mail: oka@Lippische-Landeskirche.de, Internet: www.lippische-landeskirche.de

Evangelisch-Lutherische Landeskirche Mecklenburgs
Oberkirchenrat
Münzstr. 8, Postf. 11 10 63, 19010 Schwerin
Tel.: (03 85) 51 85-0, Fax: (03 85) 51 85-1 70
E-Mail: okr@ellm.de, Internet: www.kirche-mv.de

Nordelbische Evangelisch-Lutherische Kirche
Nordelbisches Kirchenamt
Dänische Str. 21–35, Postf. 34 49, 24033 Kiel
Tel.: (04 31) 97 97-5, Fax: (04 31) 97 97-9 99
E-Mail presse.nka@nordelbien.de, Internet: www.nordelbien.de

Evangelisch-Lutherische Kirche in Oldenburg
Evangelisch-Lutherischer Oberkirchenrat
Philosophenweg1, Postf. 17 09, 26007 Oldenburg
Tel.: (04 41) 77 01-0, Fax: (04 41) 77 01-2 99
E-Mail: ips@ev-kirche-oldenburg.de, Internet: www.ev-kirche-oldenburg.de

Evangelische Kirche der Pfalz (Protestantische Landeskirche)
Landeskirchenrat
Domplatz 5, 67343 Speyer (Rhein)
Tel.: (0 62 32) 6 67-0, Fax: (0 62 32) 6 67-2 28
E-Mail: landeskirchenrat@evkirchepfalz.de, Internet: www.evpfalz.de

Pommersche Evangelische Kirche
Konsistorium
Bahnhofstr. 35–36, 17489 Greifswald
Tel.: (0 38 34) 55 46, Fax: (0 38 34) 55 47 99
E-Mail: konsistorium@pom-ev-kirche.de, Internet: www.kirche-mv.de

Evangelisch-reformierte Kirche (Synode ev.-ref. Kirchen in Bayern und Nordwestdeutschland)
Synodalrat
Saarstr.6, Postf. 13 80, 26763 Leer
Tel.: (04 91) 91 98-0, Fax: (04 91) 91 98-2 51
E-Mail: presse@reformiert.de, Internet: www.reformiert.de

Evangelische Kirche im Rheinland
Landeskirchenamt
Hans-Böckler-Str. 7, Postf. 30 03 39, 40403 Düsseldorf
Tel.: (02 11) 45 62-0, Fax: (02 11) 45 62-4 44
E-Mail: pressestelle@ekir.de, Internet: www.ekir.de

Evangelisch-Lutherische Landeskirche Sachsens
Evangelisch-Lutherisches Landeskirchenamt Sachsens
Lukasstr. 6, Postf. 12 05 52, 01006 Dresden
Tel.: (03 51) 4 69 20, Fax: (03 51) 4 69 21 44
E-Mail: kirche@evlks.de, Internet: www.evlks.de

Evangelische Kirche der Kirchenprovinz Sachsen
Konsistorium
Am Dom 2, Postf. 14 24, 39004 Magdeburg
Tel.: (03 91) 53 46-0, Fax: (03 91) 53 46-1 11
E-Mail: presse@ekkps.de, Internet: www.ekd.de/kps

Evangelisch-Lutherische Landeskirche Schaumburg-Lippe
Landeskirchenamt
Herderstr. 27, Postf. 13 07, 31665 Bückeburg
Tel.: (0 57 22) 9 60-0, Fax: (0 57 22) 9 60-10
E-Mail: LKA-Bueckeburg@t-online.de
Internet: www.landeskirche-schaumburg-lippe.de

Evangelische Kirche der schlesischen Oberlausitz
Evangelisches Konsistorium
Schlaurother Str.11, Postf. 30 03 34, 02808 Görlitz
Tel.: (0 35 81) 7 44-0, Fax: (0 35 81) 7 44-2 99
E-Mail: konsistorium@eksol.de, Internet: www.eksol.de

Evangelisch-Lutherische Kirche in Thüringen
Landeskirchenamt
Dr.-Moritz-Mitzenheim-Str. 2a, Postf. 10 12 63, 99802 Eisenach
Tel.: (0 36 91) 6 78 99, Fax: (0 36 91) 67 83 55
E-Mail: Landeskirchenamt@elkth.de, Internet: www.elkth.de

Evangelische Kirche von Westfalen
Landeskirchenamt
Altstädter Kirchplatz 5, Postf. 3 36 02 Bielefeld
Tel.: (05 21) 5 94-0, Fax: (05 21) 5 94-1 29
E-Mail: landeskirchenamt@lk.ekvw.de, Internet: www.ekvw.de

Evangelische Landeskirche in Württemberg
Evangelischer Oberkirchenrat
Gänsheidestr. 4, Postf. 10 13 42, 70012 Stuttgart
Tel.: (07 11) 21 49-0, Fax: (07 11) 21 49-2 36
E-Mail: okr@elk-wue.de, Internet: www.elk-wue.de

Weitere Adressen in Auswahl:

Arbeitsgemeinschaft Anglikanisch-Episkopaler Gemeinden in Deutschland
Sebastian-Ring-Str. 22, 60323 Frankfurt (Main)

Arbeitsgemeinschaft christlicher Kirchen in Deutschland (ACK)
Ökumenische Centrale
Ludolfusstr. 2–4, 60487 Frankfurt a.M.
Tel.: (069) 24 70 27-0, Fax: (069) 24 70 27-30
E-Mail: ackoec@t-online.de, Internet: www.oekumene-ack.de

Arbeitsgemeinschaft Mennonitischer Gemeinden i.D.
Mennonitenstr. 20, 22769 Hamburg
E-Mail: rwrc.funk@t-online.de, Internet: www.mennoniten.de

Bund Evangelisch-Freikirchlicher Gemeinden in Deutschland (Baptisten)
Bundesmisssionshaus
Friedberger Str. 101, 61350 Bad Homburg
Tel.: (0 61 72) 80 04-0, Fax: (0 61 72) 80 04-36
E-Mail: BEFG@baptisten.org, Internet:www.baptisten.org/betg

Bund Freier evangelischer Gemeinden in Deutschland
Bundesgeschäftsstelle
Goltenkamp 4, 58452 Witten
Tel.: (0 23 02) 9 37-0, Fax: (0 23 02) 9 37 99
E-Mail: bund@feg.de, Internet: www.feg.de

Evangelische Brüder-Unität – Herrnhuter Brüdergemeine
Direktion der Brüder-Unität
Zittauer Str. 20, Postf. 21, 02745 Herrnhut
Tel.: (03 58 73) 4 87-0, Fax: (03 58 73) 4 87-99
E-Mail: info@ebu.de, Internet: www.ebu.de

Evangelisch-methodistische Kirche
Kirchenkanzlei
Wilhelm-Leuschner-Str. 8, 60329 Frankfurt a.M.
Tel.: (0 69) 23 93 73, Fax: (0 69) 23 93 75, Internet: www.emk.de

Selbständige Evangelisch-Lutherische Kirche (SELK)
Kirchenleitung
Schopenhauerstr. 7, Postf. 69 04 07, 30613 Hannover
Tel.: (05 11) 55 78 08, Fax: (05 11) 55 15 88
E-Mail: selk@selk.de, Internet: www.selk.de

Römisch-Katholische Kirche (Verband der Diözesen Deutschlands)
Sekretariat der Deutschen Bischofskonferenz
Bonner Talweg 77, 53113 Bonn
Tel.: (02 28) 1 03-2 13-2 15, Fax: (02 28) 1 03-2 54
E-Mail: sekretariat@dbk.de, Internet: www.dbk.de

Deutscher Caritasverband
Öffentlichkeitsarbeit
Karlstr. 40, 79104 Freiburg
Tel.: (07 61) 2 00-4 18, Fax: (07 61) 2 00-5 41
E-Mail: presse@caritas.de, Internet: www.caritas.de

Katholisches Bistum der Altkatholiken in Deutschland
Gregor-Mendel-Str. 28, 53115 Bonn
Tel.: (02 28) 23 22 85, Fax: (02 28) 23 83 14
E-Mail: info@alt-katholisch.de, Internet: www.alt-katholisch.de

Orthodoxe Kirche in Deutschland
Pastorsesch 12, 48159 Münster

Konferenz Europäischer Kirchen (KEK)
150, route de Ferney, Postf. 21 00, CH-1211 Genf 2
Tel.: + 41 22 79 16 11 1, Fax: + 41 22 79 16 22 7
E-Mail: cec@cec-kek.org, Internet: www.cec-kek.org/Deutsch/index/html

Ökumenischer Rat der Kirchen (World Council of Churches)
150, route de Ferney, Postf. 21 00, CH-1211 Genf 2
Tel.: + 41 22 79 16 11 1, Fax: + 41 22 79 10 36 1
Internet: www.wcc-coe.org

Lutherischer Weltbund (LWB)
150, route de Ferney, Postf.ax: 2100, CH-1211 Genf 2
Tel.: + 41 22 79 16 11 1, Fax: + 41 22 79 16 63 0
E-Mail: info@lutheranworld.org,
Internet: www.lutheranworld.org/Welcome.DE.html

Reformierter Weltbund
150, route de Ferney, Postf.ax: 2100, CH-1211 Genf 2
Tel.: (00 41) 22/7 91 62 37, Fax: (00 41) 22/7 91 65 05
E-Mail: warc@wark.ch, Internet: www.warc.ch/de/index.html